KB175737

임동석중국사상100

채근담

菜根譚

洪自誠 撰 / 林東錫 譯註

> "상아, 물소 뿔, 진주, 옥. 진괴한 이런 물건들은 사람의 이목은 즐겁게 하지만 쓰임에는 적절하지 않다. 그런가 하면 금석이나 초목, 실, 삼베, 오곡, 육재는 쓰임에는 적절하나 이를 사용하면 닳아지고 취하면 고갈된다. 그렇다면 사람의 이목을 즐겁게 하면서 이를 사용하기에도 적절하며, 써도 닳지 아니하고 취하여도 고갈되지 않고, 똑똑한 자나 불초한 자라도 그를 통해 얻는 바가 각기 그 자신의 재능에 따라주고, 어진 사람이나 지혜로운 사람이나 그를 통해 보는 바가 각기 그 자신의 분수에 따라주되 무엇이든지 구하여 얻지 못할 것이 없는 것은 오직 책뿐이로다!"

《소동파전집》(34) 〈이씨산방장서기〉에서 구당(丘堂) 여원구(呂元九) 선생의 글씨

책머리에

세상에 "마음을 달래는 글"로써 이 《채근담》만한 것이 있을까? 또한 오늘 같은 세태에 "고통을 덜어주는 글"로써 이 《채근담》만한 것이 있을까 생각한다.

그의 말대로 세상은 엄청난 고통의 고해苦海도 아니요, 그렇다고 모든 즐거움을 다 누릴 수 있는 낙원樂園도 아니다. 그런가 하면 세상은 아름다운 것은 무엇이든지 있는 낙원이요, 정말 괴롭고 힘들게 물에 빠져 허덕이고 있는 고해이기도 하다. 그러니 유위有爲도 없고 무위無爲도 없으며, 호오好惡나 미추美醜, 귀천貴賤, 빈부貧富의 경계도 없고 심지어 생사生死의 구분도 없는 것이라 한다. 내 마음에 넘나드는 모든 것은 환幻이지 진眞이 아니요, 세상의 진은 환이며 환은 곧 진이기도 하단다.

그렇다고 이론이 괴벽스러운 것도 아니다. 구절마다 모두가 논리에 어긋남이 없다. 그렇다고 역설적으로 궤변을 편 것도 아니다. 예화마다 사실에 조금도 벗어남이 없다.

청정하게 살아라. 담백하게 살아라.

세상 누군들, 이 속세의 명예와 부귀라는 집착의 옷을 훌훌 벗어버리고, 저 산 속으로 들어가 신선이 되고 싶어하지 않는 자가 있겠으며, 인간 관계의 구속이라는 족쇄를 시원히 털어버리고 저 숲속으로 숨어들어 도인이 되고 싶어해 보지 않은 자가 있으랴?

그런데 용기를 내어 이를 실행한 사람도 있지만 이 못난 속인은 그렇지도 못하다. 그러나 어찌 도인이 되고자 꼭 산으로 가야 하며 선인이 되고자 숲으로 가야 하랴? 내 마음이 작은 우주요 내 몸이 작은 자연이니, 화분의 난초 한 꽃가지가 신선이며 벽에 걸린 그림 한 장이 도인이로다.

이제껏 소유所有의 개념을 행복인 줄로 연연하다가 이제 향유享有의 개념을 행복으로 규정하겠다고 다짐해본다. 소유는 구속이요 향유가 자유임을 반평생 넘어 조금 깨달았으니, 그래도 범인으로 이 육신을 짊어지고 살아온 나로서는 참으로 다행이라는 생각까지 든다.

어머니는 도인이었다. 내가 어렸을 때 어떤 일에 연연하여 탐심을 버리지 못하면 언제나 "니 복이 가젠걸"이라고 하였다. 복이 그것으로 한계라는 뜻이다. 나는 이 말을 지금 와서야 그 깊은 뜻을 알게 되었다.

그렇다. 안 되는 일이 있다. 정말 꼭 그렇게 될 것 같고 되어야만 하는데 야속하게도 이루어지지 않는 것이 있다. 그 일은 적어도 나에게는 "복이 갓"인 것이다.

내가 이 《채근담》을 만나지 않았더라면 나는 인생을 반쪽만 보고 살았을 것이라 여긴다. '무슨 큰 발견이나 감동을 받았기에 감히 이런 표현을 할수 있는가'라고 의아해하겠지만, 그저 성실히, 열심히, 적극적으로 살면 그것이 천하제일의 가치인 줄로 알아온 나에게 적어도 그보다 더 적극적으로 사는 방법이 있음을 바로 이 책을 통하여 확신하였기 때문이다.

더불어 살고, 열심히 뛰고, 움직이고 업적을 내놓으며, 결과물을 창출하여 이름을 날리고, 세상에 칭찬받을 수 있도록 부지런히 일하는 것이 적극적이라 여겼다. 나아가 각고의 노력으로 성취를 이루며 남이 하지 못하는 일도 덤벼들어 개척하며, 소유를 위해 일한 만큼 소득을 요구하며, 선악에 대하여 변별을 담당하며, 어떤 일도 포기하지 않으며, 가진 만큼 행복을 누리는 것이 세상 태어나 잘살고 성공하는 것으로 보았다. 그리고 게으르며, 나서지 못하며, 안주하고 진취적이지 못하며, 내 몫을 챙길 줄도 모르고 창조도 업적도 없이 그저 주어진 삶을 영위하는 자체에 불만도 내세우지 못한 채 우유부단하여 중간만 지킨 것으로 다행을 삼는 것을 '소극적'이라 여겼다. 자세히 보면 적극적이라 함은 소위 음양陰陽의 '양陽의 방향'으로 향한 것만이 그것인 줄을 착각했음이 이제껏 삶이었다. 음양의 '음의 방향'으로 내닫는 것도 적극적인 것인 줄을 몰랐던 것이다. 소유를 거부하며 성취가 없음을 즐기며, 나서기를 싫어하며 명예도 부귀도 자신 있게 버릴 수 있는 과감한 행복감, 그리고 만물의 존재 자체를 아름답게 보며 세상에 아름다운 것을 찾느라 추하고 더러운 것은 거들떠볼 겨를조차 없도록 내 환경을 만드는 것도 얼마나 적극적인가? 이로 인해 세상이 모두 내 것이니 만물에 그 무엇이 나를 소유와 무소유의 사이에 처하게 하여 괴롭힐 것이며, 살아 가는 동안 세월이 모두 내 것이니 세상 그 무슨 만남이 우遇, 불우不遇라고 나를 슬프게 하겠는가? 사는 동안 가진 것 없음이 도리어 자유롭다고 여기며 속세를 벗어나 최소한의 삶을 사는 산인山人도 보았고, 아예 그런 생각 자체를 표현하고 드러내는 것조차 욕심과 명예를 추구하는 나쁜 일로 여겨 묵언黙言으로 사는 도인도 보았다. 그런가 하면 "은둔한 놈이 문패는 왜 다노?"라며 나에게 귀띔해주는 고향 친구도 있다.

중국 명대明代의 잠언과 명구를 모은 책으로 크게 두 종류가 있다. 바로 범립본范立本의 《명심보감》과 이 홍자성洪自誠(洪應明)의 《채근담》이다. 그런데 이 두 책은 유사점과 차이점이 확연하게 대비를 이루는 묘한 책이다.

둘 모두 유명한 학자나 이름 높은 성인이 쓴 것도 아니어서 편자나 작자가 거의 알려져 있지 않지만 촌철살인의 단구, 명언을 모은 면에서는 같다.

게다가 우리나라에 널리 알려져 일상생활에 인용되고, 더러는 한문교재로 읽히는 면에서도 같다. 문체도 고문과 백화어가 함께 쓰여 생소한 문구가 보이는 것도 같으며, 판본의 전래 과정이 희미하고 통속적인 내용으로 치부되어 중국에서는 제대로 평가를 받지 못한 채 일본과 우리나라에서 환영을 받아 끊임없이 출판되고 읽히는 면에서도 같다.

그러나 둘 사이는 뚜렷한 차이점도 있다. 《명심보감》이 교양서敎養書라면 《채근담》은 수양서修養書이다. 《명심보감》이 유가적儒家的 내용을 위주로 하여 '세상에 공을 세우며 인간 도리를 다하라'고 '양陽의 적극성'을 기치로 내세우고 있다면, 《채근담》은 도가적道家的 종지를 내세워 '세상을 소유하지 말고 향유하며 인간 본연의 환幻과 진眞을 구분해 행복을 누려보라'는 '음陰의 적극성'을 담고 있다. 그리고 《명심보감》이 '함께 사는 법'을 가르치고 있다면 《채근담》은 '홀로 사는 법'을 일러주고 있다. 그 때문에 《명심보감》은 옛 성인과 선현들의 경전經典 문장과 세상 이치를 담은 속담과 격언을 중심으로 함께 사는 사회의 일원으로서의 의무를 다해야 한다고 '이미 있는 남의 말'을 모았고, 《채근담》은 자신이 터득한 우주론宇宙論과 수양론修養論, 본체론本體論, 자연론自然論을 대구對句와 대련對聯으로 토해 내어 '자신만의 말'을 남겼던 것이다.

홀로 산다는 것은 참으로 적극적이며 개인적인 것이다. 그것은 여럿이 살기보다 더 큰 눈과 더 높은 생각이 아니면 불가능하다. 결국 경지에 들지 않고서는 도리어 사치요 꾀요 위선일 수도 있기 때문이다. 《채근담》에 동원된 어휘들, 이를테면 "염담恬澹, 환업幻業, 적연寂然, 원융圓融, 고취苦趣, 일취逸趣, 담박澹泊, 소광疏狂, 한일閑逸, 청산靑山, 녹수綠水, 천석泉石, 여장藜杖,

어초漁樵, 소금素琴, 무현無弦, 횡월橫月, 송운松韻, 진성眞性, 부낭浮囊, 월창月窓, 작조雀躁, 귀조歸鳥, 부운유로浮雲有路, 권운서하卷雲舒霞, 물아양망物我兩忘" 등 헤아릴 수 없는 표현들은, 모두가 촌로, 고행자, 수도자, 득도자임을 스스로 자처하지 않고서는 도리어 외면하고 싶은 것들이면서도, 또한 이 시대의 세속 경쟁 속에 환상처럼 꿈꾸던 전원과 산수, 은둔과 피세, 달관과 관조의 상황에나 쓰는 아주 소담한 언어들이다.

나는 아주 옛날 어린 시절 《마음의 샘터》(1964)라는 제목의 작은 책을 읽었으며 나중에 그것이 《채근담》인 것을 알았다. 그리고 많은 기왕의 우리 번역본(만해, 조지훈, 김구용, 박일봉, 노태준 등)으로 만족해 왔다. 그런데 중국의 원본을 구해 보고는 내 천학한 둔재이지만 나도 이에 손을 대어보아야 겠다고 내심 욕심을 부리게 되었다. 이유는 《채근담》이 두 종류가 전하며 편저자도 하나는 홍자성洪自誠으로, 하나는 홍응명洪應明으로 달랐고, 첫 장도 하나는 내가 외우려고 애썼던 「서수도덕자棲守道德者는 적막일시 寂寞一時……」로 시작되었는데 중국 판본은 「욕주정금미옥적인품欲做精金美 玉的人品, 정종열화중단래定從烈火中煅來」의 단아한 글씨체로 시작되는 것을 발견했기 때문이다. 게다가 국내본은 대체로 홍자성洪自誠이라는 이름으로 널리 알려진 〈명각본明刻本〉이었으며 다른 판본은 제대로 원문도 볼 수 없었다. 이에 두 종류를 모두 모아 하나의 완정본完整本으로 정리하고 싶은 욕망에 밤잠을 설치며 자료를 모으고 도서관과 인터넷을 뒤지며, 대만과 중국에 있는 제자들에게 있는 대로 구입하거나 복사하여 보낼 것을 채근 하였다. 그러나 막상 덤벼보니 문장 주석이야 큰 무리가 없었으나 판본의 전래와 홍씨洪氏 두 이름의 관계도 희미하여 명확하게 정리된 것이 없어난감하기 그지없었다. 더구나 《채근담》 내용대로 있는 '그대로 나 홀로 즐기며 감동받으면 됐지, 무슨 명예와 욕구, 세속적인 업적을 낳겠다고 욕망의 화로처럼 구는가' 하고 다시 주춤하였다.

그러나 "일은 옛것을 존속시킴보다 큰 것이 없고, 학문은 의심나는 것을 그대로 비워둠보다 우선하는 것이 없다事莫大於存古, 學莫先於闕疑."라는 존고 궐의存古闕疑의 대원칙을 믿고 "법고창신法古創新"은 접어 둔 채, 있는 그대로 '여럿이' 맛볼 수 있는 자료라도 제공하는 것이 내 배운 임무이려니 하고 마칠 수 있었다. 그리고 문장도 대구, 대련에 맞추어 시각적으로 원문이 드러나도록 꾸며보았다.

이 책이, 복잡하고 힘든 세상, 상처받고 짓눌렸다고 생각하는 사람이 잠시 동안이라도 상상으로나마 시골 한적한 골짜기 모옥茅屋 봉당에서, 얼마 떨어지지 않은 마당가 느릅나무 아래에서, 권운서하卷雲舒霞를 바라보며 송천松泉의 샘물로 끓인 '염담恬澹'과 '물아양망物我兩忘'이라는 이름의 차맛이 되었으면 한다.

茁浦 林東錫이 醉碧軒에서 쓰다.

일러두기

1. 본 책《채근담》완정본은 전체를 우선 건乾·곤坤으로 나누었다. 건乾은 홍자성洪自誠 찬撰으로 되어 있는 〈명각본明刻本〉(續修四庫全書, 子部 雜家類) 전체 362장(전집 222장, 후집 140장)을 완역한 것이다.

   다음으로 곤坤은 홍응명洪應明 저著로 되어 있는 〈보광사본寶光寺本〉 (袁庭棟 校注)을 근거로 권상卷上, 권하卷下와 〈주광후周光煦 서문본序文本〉 (1947)의 속유편續遺篇 중에 앞서 〈명각본〉과 전혀 다른 권상卷上(총 182장) 전체를 완역하였다. 한편 권하卷下와 속유편續遺篇은 〈명각본〉과 순서, 문자가 다를 뿐 겹치는 문장이므로 일련번호와 대조번호를 부여하여 실은 것이다.

2. 지금《채근담》은 두 종류가 전해오고 있다. 즉「홍자성洪自誠」찬撰으로 표기된 것이 있으니 바로 〈명각본明刻本〉이다. 그리고「홍응명洪應明」저著로 표기된 것으로는 〈보광사본寶光寺本〉과 〈건륭본乾隆本〉, 〈광서본光緒本〉 (重刊本) 등이 있다. 이 두 책은 내용과 순서, 편제가 서로 다르다. 그러면서 다시「주광후周光煦」의 서문序文이 있는 판본은 뒤에 따로 〈속유편續遺篇〉 이라 하여 153장이 실려 있으며, 이는 〈명각본〉의 일부 구절들을 근거로 〈건乾·광본光本〉에 빠진 것을 주광후가 모은 것이다.

3. 이를 자세히 대조해보면 홍자성洪自誠 〈명각본明刻本〉(續修四庫全書)이 정본 正本인 듯하며, 〈보광사寶光寺〉본의 권상卷上 부분(총 182장)은 〈명각본明刻本〉 에 전혀 없고, 권하卷下 총 201장과 〈속유본續遺本〉(총 153장)은 모두가 순서만 다를 뿐 〈명각본明刻本〉에도 들어 있다.

4. 이에 이 책은 〈속수사고전서續修四庫全書〉(子部 雜家類)《채근담菜根譚》(還初 道人 洪自誠 著, 覺迷居士 汪乾 初校. 원래 上海圖書館 所藏의 明刻本을 影印하여 실은 것임)를 근거로 전체를 교감하고 역주하여 '건乾'으로 삼았다.

5. 다시 〈보광사寶光寺〉본 《채근담菜根譚》(洪應明 저)의 권상卷上(총 182장)은 〈명각본〉에 전혀 없는 것으로 이를 모두 역주하여 실었으며, 권하卷下와 〈속유본續遺本〉은 〈명각본明刻本〉과 겹쳐 이를 해당 번호를 부여, 대조할 수 있도록 하여 '곤坤'으로 삼았다.

6. 〈건륭본乾隆本〉과 〈광서본光緒本〉은 〈보광사본寶光寺本〉과 비교하면 순서와 차례가 같으나 문자의 출입이 있고 분장分章도 약간의 차이가 있으며, 〈보광사본〉은 권상卷上, 권하卷下로 나누고, 다시 수성修省, 응수應酬, 평의評議, 한적閑適(卷上), 개론概論(卷下)으로 중간 제목이 있으나 〈건乾 · 광본光本〉은 중간 제목은 같으나 상하 구분 없이 연결되어 있다.

7. 〈건乾 · 광본光本〉은 순서와 내용, 문장은 같으나 문자와 분장이 다르며 〈속유편續遺篇〉의 문장은 전혀 없다.

8. 부록에는 《채근담》에 대한 자세한 해제와 각 판본의 서문 · 식어識語 · 제사題辭 등을 원문으로 실어 이 방면의 연구자에게 도움이 되도록 하였다.

9. 기왕의 한국 번역본 중에 특히 〈만해본〉(韓龍雲, 1917년간)과 그 밖의 해석본 들도 있는 대로 모아 일일이 참고하였으며 차이점이 있을 경우 그에 대해 언급하였다.

10. 체제는 총 일련번호를 싣고 괄호 안에 해당 편명의 번호를 다시 부여 하였다. 그리고 역문 아래 [ ]에는 겹치는 문장의 총 일련번호를 넣어 이를 찾아 비교할 수 있게 하였으며, 〈보광사본〉 권하卷下와 속유편 續遺篇의 원문 다음의 [ ] 속 번호는 앞서 출현한 같은 문장의 일련번호를 넣은 것이다.

11. 문장은 직역 위주로 하되 일부 뜻의 전달을 위하여 의역을 가미하였으며 해의解義나 평역評譯은 더하지 않았다.

12. 관련 전고典故나 고사故事는 가능한 한 찾아 각주에 밝혀 근거를 마련하였으며, 특히 이번 수정판은 《증광석시현문增廣昔時賢文》 등에 전재되어 있는 구절도 일일이 밝혀 실었다.

13. 본 수정본 《채근담》은 최근 중국의 역주본을 충실히 구하여 대조·교감하였다.

14. 본 책의 역주에 참고한 문헌은 대략 다음과 같다.

❀ 참고문헌

1. 《菜根譚》續修四庫全書(1133). 上海圖書館藏 明刻本影印. 上海古籍出版社. 1995. 上海.

2. 《菜根談(菜根譚)》袁庭棟(校注) 巴蜀書社 1989. 四川 成都.

3. 《文白菜根譚大系》李東亮 等編選, 北京燕京出版社 1998. 北京.

4. 《菜根譚》前集(花魁從良·妓女悲傷·丁香割肉): 傅斯年圖書館 珍藏繕本: 臺灣 中央研究院.

5. 《菜根譚》(印本) 明, 洪應明(洪自誠)(著). 臺灣 廣文書局 民國 72(1983).

6. 《仙佛奇蹤》(印本) 明, 洪應明(洪自誠)(著). 臺灣 廣文書局 民國 72(1983).

7. 《菜根譚》(印本) 明, 洪應明(洪自誠)(著). 臺灣 新文豐出版社 民國 82(1993).

8. 《淸言》(印本) 屠隆(著). 臺灣 新文豐出版社 民國 82(1993).

9. 《菜根譚》(中英對照) 明, 洪應明(洪自誠)(著). 金莉華(譯) 臺灣 成文出版社 民國 68(1979).

10. 《菜根譚》明, 洪應明(洪自誠)(著) 臺灣 黎明文化社 民國 85(1996). (白子全書 38).

11. 《菜根談》明, 洪應明(著). 木子(譯注) 學林出版社 2002. 上海.

12. 《菜根談》明, 洪自誠(著). 府南山(注評) 江蘇古籍出版社 2002. 南京.

13. 《菜根譚》明, 洪應明(洪自誠)(著). 上海 上海書店 1994. 上海.

14. 《菜根譚》明, 洪自誠(洪應明)(著). 長沙 岳麓書社 1991. 湖南 長沙.

15. 《菜根譚全編》洪應明(著) 李偉(編注) 岳麓書社 2006. 湖南 長沙 .

16. 《菜根譚》明, 洪應明(著) 陳國慶(主編) 安徽人民出版社 2005. 安徽 合肥.

17. 《菜根譚》馬鳳華·何芳(評譯) 吉林人民出版社 2006. 吉林 長春.

18. 新譯《菜根譚》吳家駒(注譯) 三民書局 2007. 臺灣 臺北.

19. 《菜根譚》明, 石竹(撰) 香巷 興寧先賢叢書校印處 民國 48(1959).

20. 《菜根譚》(精選講義) 韓龍雲 新文館 大正 6년(1917). 서울.

21. 東洋金言《마음의 샘터》洪自誠 著 平和出版社 1964. 서울.

22. 《菜根譚》金丘庸(譯), 正音社 年度 未記載 서울.

23. 《菜根譚》趙芝薰(譯解), 玄岩社 1973. 서울.

24. 《菜根譚》盧台俊(譯解), 弘新文化社 1974. 서울.

25. 《菜根譚》朴一峰(譯), 育文社 1974. 서울.

26. 《菜根譚》成元慶(譯註), 三中堂 1975. 서울.

27. 《菜根譚》明, 洪應明(著) 今井宇三郎(譯註) 東京 岩波書店, 1982.

28. 《增廣賢文》郭俊峰, 張非洲 (譯評) 吉林文史出版社 2002. 長春.

　　　기타 방증 자료는 생략함.

본 책에 쓰인 약어略語는 다음과 같다.

① 〈명각본明刻本〉: 홍자성洪自誠, 속수사고전서續修四庫全書本. 〈명전明前〉
→명각본明刻本 전집前集. 〈명후明後〉→명각본明刻本 후집後集

② 〈보광사본寶光寺本〉: 홍응명洪應明, 보광사본寶光寺本(袁庭棟 校注) 〈보상
寶上〉→보광사본寶光寺本 권상卷上. 〈보하寶下〉→보광사본寶光寺本 권하卷下

③ 〈속유편續遺篇〉: 주광후周光煦 서문본序文本(1947)으로 〈건광본乾光本〉에
없고 명각본에만 있는 것을 모은 것이다.

④ 〈건륭본乾隆本〉: 건륭乾隆 59년(1794) 환초도인還初道人 지어識語가 있는
것으로 대만臺灣 광문서국廣文書局에서 영인影印 출간(1983)한 것으로
〈희영헌총서喜咏軒叢書〉 무집戊集과 같다.

⑤ 〈광서본光緒本〉: 표지에 광서光緒 원년元年(1875) 제題가 있는 중간본
重刊本으로 대만臺灣 신문풍출판사新文豊出版社에서 영인影印 출간(1993)
한 것이다.

⑥ 기타 현대 중국 〈백화통속본白話通俗本〉: 강소고적출판사江蘇古籍出版社
(府南山 譯評, 2002), 학림출판사學林出版社(木子 譯註, 2002) 등이 있다.

해제

I. 《菜根譚》書名

　'菜'는 글자 그대로 '나물·채소'이며 '根'은 뿌리이다. 따라서 '菜根'은 채소나 나물의 뿌리를 뜻하며, 맛도 없고 써서 먹기에 힘든 식품임을 상징한다. 이는 宋나라 때 汪革(汪信民)이라는 성리학자가 말한 어록에서 명명된 것이다.

　"사람이 늘 나물 뿌리를 씹어 먹을 수 있다면 세상 무슨 일이라도 할 수 있으리라."(人常咬得菜根, 則百事可做)

　즉 南宋 呂本中의 《東萊呂紫微師友雜志》에 「汪信民嘗言: "人常咬得菜根, 則百事可做."」라 하였고, 朱熹의 《小學》(外篇) 善行篇에도 「汪信民嘗言: "人常咬得菜根, 則百事可做." 胡康侯聞之, 擊節嘆賞. 集說: 陳氏曰: 信民, 名革, 臨川人. 康侯, 文定公字也. 人能甘淡泊, 而不以外物動心, 則可以有爲矣. 擊節, 一說, 擊手指節; 一說, 擊器物爲節, 皆通. 嘆, 嗟嘆賞, 稱賞. 朱子曰: "學者, 須常以志士不忘在溝壑爲念, 則道義重而計較死生之心輕矣. 況衣食外物, 至微末事, 不得未必便死, 亦何用義犯犯分投心投志, 營營以求之耶! 某觀今人, 因不能咬菜根, 而至於違其心者, 衆矣. 可不戒哉!"」라 하였다. 그리고 《明心寶鑑》安分篇에도 역시 「汪信民嘗言: "人常咬得菜根, 則百事可做."」라 하였으며, 《增廣賢文》(641)에 「咬得菜根香, 尋出孔顏樂.」라 하여 비교적 널리 알려진 명언이다.

　그런데 많은 사람들은 이를 두고 어려운 일을 겪어내면 그 어떤 일도 이겨 낼 수 있다는 뜻으로 보았다. 즉 단련과 감내는 고통에서 나온다는 것이다.

그러나 한편 소박한 삶을 인정하고 그러한 환경이 자신의 것이라 여긴다면 세상 온갖 일도 당연히 그러함을 인정하고 고개 끄덕일 수 있는 간주법看 做法으로도 볼 수 있다. 즉 "사람이 씹는 것이 나물 뿌리라면 온갖 일도 다 그렇다고 간주할 수 있으리라"라고 해석할 수도 있다.

이 汪革은 字가 信民이며 淸溪先生으로 불리던 宋代 성리학자였다. 撫州 臨川 사람으로 呂希哲의 문인이었다. 哲宗 때 과거에 급제하여 長沙, 宿州, 楚州 등의 敎官을 역임하였으며 아깝게도 40에 죽고 말았다. 그는 《淸溪 類稿》, 《論語直解》 등을 남겼으며, 《新安文獻志》 권77에 그의 사적이 실려 있다. 그가 말한 菜根說은 당시 명언으로 알려졌으며, 이것이 앞서 밝힌 대로 南宋 朱熹의 《小學》에 채록되었다. 주자는 《소학》의 外篇 善行章 마지막 구절에 이를 인용하여 "汪信民嘗言: '人常咬得菜根, 則百事可做.' 胡康侯聞之, 擊節嘆賞."이라 하였다. 여기서 胡康侯는 유명한 성리학자 胡安國을 가리킨다. 그리고 注에 "학자가 모름지기 항상 志士란 구렁텅이에 屍身이 내던져질 수도 있음을 잊지 않는다는 사실을 자신의 뜻으로 삼는다면, 道義는 중히 여기고 生死를 따지는 일은 가볍게 여기게 될 것이다. 하물며 衣食이나 外物 따위는 지극히 미미한 것이며 그런 것이 없다고 당장 죽는 것도 아니니 그런 것을 얻지 못하였다고 義를 해치거나 마음과 뜻을 급급하게 서두르겠는가?"라고 하였다.

이로 보면 주자는 '채근'의 뜻을 학자가 의를 실천하기 위하여 먹는 것 따위를 가볍게 보아야 한다는 "의를 실천하기 위한 훈련"으로 본 것이다. 그러나 明代 犯立本은 《明心寶鑑》에 이를 安分篇에 실음으로써 '安分의 개념'

으로 보았다. 이는 오히려 홍씨의 《菜根譚》 原義와 맞는 듯하다. 그러나 한편 현존 《채근담》 여러 판본의 序文, 識語, 題辭 등을 보면 이 책의 편찬의도를 "德治善政"으로 인식한 예가 주를 이룬다. 이를테면 儲金棟의 서문(부록을 볼 것)에 羅景倫의 말을 인용하여 "백성들은 하루라도 나물뿌리를 먹어 얼굴에 주린 기색이 나타나도록 해서는 안 된다. 그러나 위정자는 하루라도 이 채근의 맛을 잊어서는 안 된다. 만약 첫 부임하는 하급 관리로부터 공경대부에 이르기까지 모두가 채근을 씹어 먹을 수 있는 사람이라면 의당 그 직분을 아는 자일 것이다. 그렇다면 백성이 어찌 먹을 것이 없어 근심하는 경우가 있겠는가?"라 하였다. 그런가 하면 원래 문장도 "噉得菜根, 萬事可爲"(劉名譽 序文. 부록 참조)라 하여 '百事'를 '萬事'로 확대하기도 하였다.

그러나 《채근담》 전체를 읽어보면 집단 사회의 정치나 인간관계, 도의의 실천, 예절의 회복 등 儒家的 當爲의 질서를 주장하고 있다기보다, 오히려 嗜慾을 줄이고 자연에 合一하여 만물에 동화하는 개인적 수양과 萬物一齊 등 道家的 無爲, 즉 物我兩忘 등에 더 무게를 두고 있음을 발견하게 된다. 그렇다면 홍씨가 자신의 글을 菜根에 연결시켜 命名한 것은 道·釋의 철학에 연관시킨 것이 아닌가 한다. 그리고 이 菜根의 영향으로 淸代 夏力恕는 자신의 書室을 '菜根精舍'라 하였고, 같은 시대 王佑命 역시 堂號를 '菜根齋'라 하였으니 그 취향을 알 수 있다.

한편 《채근담》의 책 체제는 短句 格言 모음이다. 이러한 체제의 명언집은 실제 오랜 역사를 가지고 있다. 이를테면 先秦 시대의 《老子》道德經는 바로 이러한 형식의 원조격이며, 漢代 揚雄의 《法言》, 그 후 《兎園策》, 《三字經》,

《千字文》등 蒙學書가 뒤를 이었다. 明代에는 이《채근담》에 필적할 만한 것으로 바로《명심보감》이 있었으며, 청대에 이르러는《賢文》類의《昔時賢文》,《增廣賢文》,《重訂增廣》등이 있어, 지금 중국에서 크게 유행하고 있기도 하다.(郭俊峰 외《增廣賢文》2001, 吉林文史出版社 참조)

그런가 하면 이《채근담》은 일본에서는 30년대에 크게 유행한 뒤, 다시 80년대에는《孫子兵法》,《三國志演義》와 함께 三大熱風을 일으켜, 기업계에서 「기업경영전략서 제1호」로 각광을 받기도 하였다. 그리하여 "기업경영관리를 논한 서적이 수천만 권이지만 근본 도리로 보면 거의《채근담》을 넘어서지 못한다", "《채근담》의 구절은 기업에서 사원 채용의 준승準繩이다", "《채근담》은 상품 매출의 최고 참모이다"라고 극찬하는 주장을 펴기도 하였다. 이는 일본인이 이 책을 수양서에서 더 나아가 상품구매 심리학으로 재평가한 고도의 안목과 전략이라 할 수 있다. 이에 비해 우리는 원본의 정확한 대조나 교감, 그리고 학술적 검증 없이 이제껏 피상적인 틀 속에서 번역 출판해온 것이 아닌가 한다.

Ⅱ. 저자 洪自誠·洪應明

《채근담》의 작자(著, 撰)는 〈明刻本〉 계통에는 '洪自誠'(還初道人)으로 되어 있고, 〈乾隆本〉, 〈光緖本〉 계통에는 모두 '洪應明'으로 되어 있다. 이 두 이름이 동일인인지에 대하여 이제껏 논란이 있어 왔다.

문제는 두 계통의 판본이 같다면 당연히 동일인으로 이름, 자, 호의 차이일 것으로 여기겠으나, 두 계통의 판본이 내용, 순서 등에 모두 차이가 있어 문제가 대두된 것이다.

우선 〈명각본〉 于孔兼 題辭에 "마침 친구 홍자성이라는 자가 있어 채근담을 가지고 와서 나에게 보여주면서 서문을 요청하기에"(適有友人洪自誠者, 持菜根譚示予且丐予序)라 하여 우공겸이 홍자성이라는 이름을 밝히면서 친구[友人]라 부른 것이다. 그런데 우공겸은 《明史》 권 231에 傳이 실려 있어 萬曆 8년(1580)에 급제하여 여러 관직을 지냈던 인물로, 홍자성과 동시대 인물임을 알 수 있다. 그리고 〈명각본〉 첫 머리에 "還初道人 洪自誠 著"라 하여 호가 환초도인이며 스스로 저술한 것임을 명백히 밝히고 있지만, 이를 교정한 "覺迷居士 汪乾初"라 표시되어 있으나 이 역시 사적을 자세히 알 수는 없다.

이 〈명각본〉이 일본으로 건너가 소위 「日本流傳本」이 되면서 일본과 한국에서는 모두 해석본을 한결같이 홍자성으로 표기하며 누구나 그렇게 알게 되었다. 그런데 「中國流傳本」은 명각본과 내용, 순서 등이 전혀 다르면서 모두가 "홍응명"으로 표기되어 있다. 이에 한일 두 나라는 서로 다른 이름으로 의심을 하였고, 억지로 중국판본은 홍자성의 후손이나 후대 사람이 명각본(혹 초각본)에 내용을 더하여 자신의 이름(홍응명)을 붙인 것이라 주장하는 데까지 이르게 된 것이다.

그러나 결론적으로 말해 두 이름은 동일인이다.

우선 '홍응명 찬'으로 알려진 《仙佛奇蹤》〈四庫全書總目提要〉小說家 存目 (권144)에 《선불기종》 4권은 명대 홍응명의 찬이다. 홍응명은 자가 자성이며 호는 환초도인이다. 그 사는 곳과 관적은 알 수 없다. 이 책은 만력 임인년에 완성되었다"仙佛奇蹤四卷內府藏本, 明洪應明撰. 應明字自誠, 號還初道人. 其里 貫未詳. 是編成於萬曆壬寅라 하여 이름은 洪應明, 자는 自誠, 호가 還初道人 이며 책이 완성된 것은 명 만력 30년 임인(1602)이었음을 정확히 밝히고 있다. 이 내용은 乾隆本(還初道人著書二種)에도 전재되어 있다.

그밖에 《인명사전》에도 모두 이와 같다. 즉 商務印書館 《中國人名辭典》 에는 "洪應明, (明) 字自誠, 號還初道人, 有《仙佛奇蹤》"이라 하였고, 《中國人名 大辭典》上海古籍出版社도 똑같다. 그런가 하면 《中文大辭典》의 「洪應明」에는 "洪應明, 明人. 字自誠, 號還初道人, 著有仙佛奇蹤. 見四庫提要百四十四"로 되어 있고, 「洪自誠」에는 "明時人, 師承宋儒性理之學, 而深有得於釋老二氏之 精髓. ……著有菜根譚一書"라 하고, 다시 蔣介石 총통이 극찬하여 288조를 자세히 교정, 세상에 널리 펴도록 한 이야기까지 실려 있다. 게다가 중국 현대 백화어 번역 판본의 설명은 모두가 '홍응명의 자가 자성'이라고 그대로 인정하고 있으며, 혹 책 표지의 저자를 「洪自誠」이라 한 것은 소위 「日本流 傳本」을 그대로 옮겨놓은 경우일 뿐이다. 그러나 우리의 경우 모두가 한결 같이 홍자성으로 표기하고 해설 부분에서는 일본식 논거를 벗어나지 못한 채 동일인이 아닐 수 있다는 쪽으로 논리를 전개하고, 이에 대한 복잡한 논거를 제시하고 있다. 중국에서는 어디에도 이에 대한 의심이나 이의를 제기하지 않고 동일인으로 보고 있으나 다만 〈명각본〉에 홍자성으로 표기되어 있을 뿐 우공겸의 제사에도 그 본명이 홍자성임을 밝히지 않았고, 이것이 단독으로 일본으로 건너가 "홍자성"으로 확정 전재되면서 굳어졌으나, 뒤에 알려진 「中國流傳本」에서는 모두가 "홍응명"으로 표기되어 있음으로 해서 생긴 오해일 뿐이다.

Ⅲ. 판본 전래 및 국내외 출판 현황

《채근담》의 판본 문제는 아주 복잡하여 지금도 미궁에 빠져 있다. 앞서 설명한 대로 《채근담》은 지금 두 가지 계통으로 전하고 있다. 바로 하나는 「中國流傳本」이며 하나는 「日本流傳本」(覆刻本, 飜印本)이다. 그러나 이 두 종류는 서로 달라 누가 언제 어떻게 수집하고 정리하여 이루어진 것인지 명확치가 않다. 우선 두 종류에 대하여 간략히 살펴보자.

첫 번째는 「中國流傳本」이다. 이 「중국유전본」은 바로 淸 同治 乙丑(1865) 寶光寺에서 판각한 판본 계통이다. 그러나 이 〈보광사본〉의 祖本은 淸 乾隆 40년 際願의 序文이 있는 揚州刻本이며, 이는 1922년 傅連璋의 石印本으로 이어져 傅氏가 辛亥革命 전 福建 汀州 亞盛頓醫院에 의사로 근무하면서 자비로 출간하여 많은 사람에게 증정하기에 이르렀다. 그는 "汀州傅連璋刊贈"이라는 글과 함께 서문을 남겼다. 한편 1931년 「喜咏軒叢書」 戊集의 〈還初道人著書二種〉이라는 石印本은 바로 이 揚州刻本을 다시 판각한 것이다. 그리고 1947년 주광후周光煦가 〈光緖·乾隆本〉의 卷上·卷下에는 없는 것들을 〈明刻本〉에서 찾아 153장을 〈續遺篇〉이라 하여 펴낸 것이 있으니, 이것이 〈周光煦 石印本〉이다. 따라서 〈명각본〉(續修四庫全書本) 前集·後集과 〈보광사본〉 卷上만 합하면 《채근담》 전체 544장이 모두 갖추어지게 되는 셈이다. 동시에 〈보광사본〉 卷下와 〈속유편〉을 합하면 순서는 다르지만 대체로 〈명각본〉 전체가 되는 셈이며, 다만 지금 전하는 〈속수사고전서본〉(명각본) 맨 뒤편의 6장만이 소속이 불분명한 상태로 남게 되는 것이다.

두 번째 계통은 「日本飜印本日本流傳本」이다. 이는 1915년 孫鏘이라는 사람이 일본에서 들여와 각인하여 증정한 鉛印本과 1918년 孫海環의 重印本, 그리고 1919년 志古堂의 刻印本, 1924년 齊銳의 石印本이 모두 이 계통이다.

이것이 어떤 경로를 거쳐 일본으로 건너가 크게 유행했는지는 필자로서는 자세히 알 수 없다. 다만 우리나라는 현재 「일본유전본」이 들어와 유행하여 자리잡고 있음은 분명하다.

그러나 이상 두 계통의 《채근담》은 전혀 달라 「중국유전본」은 〈보광사본〉만이 상하 양권으로 나뉘었으며, 卷上은 수성, 응수, 평의, 한적의 4개 소제목이 있어 모두 182장이며, 卷下는 개론 1개의 제목밖에 없으면서 무려 201장이 되어 모두 383장이다. 그 밖의 〈건·광본〉은 상하의 구분만 없고 내용과 순서, 소제목은 모두 같다. 그런데 「일본유전본」은 전집과 후집으로 나뉘며 전집은 222장, 후집은 136조로 모두 362조(원정동 주장, 본인이 명각본과 비교한 결과 모두 364장임)로 〈명각본〉과 같다.

(1) 〈明刻本〉(續修四庫全書本)

이는 〈續修四庫全書〉 子部 雜家類에 실려 있는 것으로 上海圖書館 所藏 〈明刻本〉을 근거로 한 것이다. 우공겸의 제사가 실려 있고(이 문장은 부록을 볼 것), 전집과 후집으로 나뉘어 있으며 "還初道人 洪自誠著, 覺迷居士汪乾初校"로 되어 있다. 모두 362장(전집 222, 후집 140)이다. 袁庭棟이 말한 「일본유전본」과 같으나 실제로 후집의 경우 韓日 모두 134장(釋氏隨緣, 吾儒素位……)에서 끝나고 있지만, 이 판본에는 그 뒤를 이어 6장이 더 있다. (총번호 357~362) 그리고 분장도 6군데가 달라 똑같은 내용의 다른 판본이 일본으로 건너간 것이 아닌가 한다.

(2) 〈乾隆本〉(喜咏軒叢書 戊集)

이는 정식 판본 명칭이 아니다. 표지에 "還初道人著書二種"이라 하여 《仙佛
奇蹤》과 함께 합하여 하나의 책으로 출간한 것이다. 그리고 "武進涉園陶氏
刊訂"이라는 글씨가 들어 있으며 涉園의 지어識語가 있다. 그런데 涉園(陶氏)
의 識語에 의하면 "지난날 일본 복각본에 명대 홍응명의 채근담 한 질을
보았는데 우리나라(중국)의 저록가들도 보지 못한 것이었다"(曩見日本覆刻命洪
應明菜根譚一帙, 爲我邦著錄家所未見)라 하였으며, 이에 자신이 알고 있는 홍응명
(환초도인)의 "《선불기종》과 합하여 〈還初道人著書二種〉이라 이름하여 널리
전하도록 한다"라 하였다. 그러나 이것이 일본 유행본(명각본)과는 전혀 달라
아마 涉園의 識語는 참고로 실어놓은 것이 아닌가 한다.

그런데 우선 책 저자를 「일본유전본」과 달리 '홍응명'으로 한 것은 홍응
명을 홍자성과 같은 이로 본 것이다. 이에 다시 표지에 "洪氏菜根譚一卷"
이라 하고 "董康題"와 낙관이 있으며, 속 표지에는 "歲在辛未夏日武進陶氏
重印"이라 하여 역시 중판본임을 밝혔다. 여기서 辛未年은 1931년이며 이는
「일본복각본」이 아니라 중국의 〈喜咏軒叢書〉 戊集에 있는 판본을 근거로
한 것이다. 다만 이를 〈乾隆本〉이라 임시로 칭한 것은 첫머리에 "乾隆
五十九年(1794)二月二日 遂初堂主人識"라 하여 識語(원문은 부록을 볼 것)가
있기 때문이다. 그리고 '修省'부터 '槪論'까지 이어지면서 계속 본문이 시작
되어 363장~745까지 총 383장이 실려 있다.(본책 기준) 권을 나누지 않았으며
단지 脩省(37장; 363~399), 應酬(51장; 400~450), 評議(47; 451~497), 閑適(47장;
498~544), 槪論(201장; 454~745)으로 되어 있다. 특이한 점은 이를 〈寶光寺〉본과
대조하면 〈보광사〉본은 전 4편(수성, 응수, 평의, 한적)의 182장을 卷上으로,
'개론' 전체 201장은 卷下로 나누고 있음에 비하여 이 〈건륭본〉은 上下의
구분이 없다는 점이다. 또 〈명각본〉과 대조하면 이 4편(권상)은 모두가

〈명각본〉에는 전혀 없는 문장인 반면, 개론(권하)은 모두가 〈명각본〉에 들어 있는 문장이며, 단지 순서와 약간의 문자 차이가 있을 뿐이라는 점이다. 따라서 〈명각본〉 362장 중 201장은 완전히 겹치는 셈이며, 〈명각본〉 제 1장이 〈건륭본〉에는 592(본책 기준)에 들어 있다.

이 〈건륭본〉은 洪應明의 《仙佛奇蹤》과 합본으로 되어 있음은 앞서 밝혔다. 《선불기종》은 仙教의 奇人, 老子부터 魏伯陽까지 46인, 초기불교 釋迦牟尼부터 鶴勒那 등 17인과, 達摩부터 法明和尙까지 37인, 기타 10명 등 모두 110명의 傳記를 그림과 함께 저술한 傳記體 8권으로 〈四庫全書總目提要〉 小說家存目(二)에도 들어 있어 洪應明에 대한 연구에 귀중한 자료가 되고 있다.

이상 합본의 《還初道人著書二種》은 마침 1983년 臺灣 廣文書局에서 영인출간되어 쉽게 접할 수 있다.

(3) 〈光緒本〉

이 역시 판본 명칭은 없으며 洪應明著으로 되어 있다. 표지에 "光緒元年(1875)秋八月 江都耿世珍敬題"의 題書와 낙관이 있으며, "南京流通經處校刊"으로 되어 있다. 그리고 "重刊菜根譚原序"라 하여 "乾隆三十三年(1768)中元節後三日三山病夫通理謹識"의 識語가 있다.(원문은 부록을 참조할 것)

이어 "光緒一十有五年1889歲在己亥春正月人日 ……劉名譽謹譔幷書"가 있다.(원문은 부록 참조) 그러나 光緒 15년은 1889년이며, 己亥는 1899(광서 25)년으로 "一十"은 "二十"이 아닌가 한다.

그리고 다시 "重刊菜根譚叙"가 있다. "光緒二年杏月…… 儲金棟識於邗上之淸泰室"로 되어 있다. 光緒 2년은 1876년으로 劉名譽의 서문(1899)과는 23년의 차이가 있다. 따라서 이는 重刊本을 다시 20세기 초에 覆刻한 것으로 보이며, 그 대본은 구체적으로 알 수 없으나, 앞서 乾隆本의 叙跋을 그대로 옮기지 않은 것으로 보아 또 다른 祖本이 있었던 것이 아닌가 한다. 특히 儲金棟의 서문에 "節錄한 채근담 1책만 있어 이를 머리맡에 놓고 소중히 여기면서 全本을 구하지 못하여 늘 안타깝게 여겼다. 그런데 居士 楊淨一의 茶會에 초청받아 갔더니 함께 참가한 觀如라는 승려가 자신에게 있는 《채근담》을 보여주어 전본을 볼 수 있었으며, 이를 널리 펴기 위하여 판각을 서둘렀다"(원문은 부록 참조)라 하여 그것이 조본이 아닌가 한다. 그리고 劉名譽의 서문에는 "秣陵의 승려 讓之가 이 菜根譚을 가지고 나를 찾아와 弁言을 써 주기를 청하여 서문을 쓰게 되었다"라는 것으로 보아, 아마 觀如의 것이 판각되었고, 그것이 다시 讓之에게 이어져 20세기 초 출판되어 오늘에 이른 것으로 보인다. 이 책은 마침 臺灣 新文豊出版社에서 영인으로 출간되어(1993) 지금 쉽게 볼 수 있다. 내용과 문자는 앞서 건륭본과 같으나 단지 일부 문자와 분장이 약간씩 다를 뿐이다. 역시 〈명각본〉 문장과 201장은 중복되고 있다. 한편 이 영인본은 娑羅館 《淸言》(屠隆 緯眞甫箸)과 합본으로 되어 있다.

(4) 〈寶光寺本〉

이는 최근 袁庭棟의 《菜根談(譚)校注》(巴蜀書社, 1989, 成都)에 의해 알려진 것이다. 원정동의 이 책은 불과 97쪽의 小冊子로 〈교주본〉이라 하였으나 원문 표점과 간단한 각주로 이루어져 있다. 우선 그는 《環球》 잡지 6期 (1987)에 실린 李榮標의 "일본에서의 채근담(菜根談在日本)"이라는 글을 보고 관심을 가져 이 책을 쓰게 되었으며, 앞뒤 많은 양의 내용을 이에 활용하고 있다. 더구나 부록에 이영표의 그 글을 전재하여 저작의도를 우회적으로 밝히기도 하였다. 여기서 그는 판본문제를 이렇게 언급하고 있다.

"지금 내가 표점 정리한 이 책의 판본은 내가 본 것 중에 국내(중국)에서 가장 이른 〈乾隆刻本〉을 번각한 〈보광사본〉이다. 이 책은 모두 383조(章)이다. 여기에 주광후의 서문이 있는 〈속유편〉 153장을 더하여 총 536장이다. 엄격히 말하면 내가 본 8종의 판본은 모두가 허술하였다. 상대적으로 「喜咏軒叢書本」의 착오가 가장 적었다. 〈보광사본〉만 하여도 오자가 있을뿐더러 탈구된 것까지 있다. 이에 나는 각 본을 대조하여 옳은 것을 택하는 방법을 취할 수밖에 없었으며, 전체의 문자와 분장, 합장을 정리하고 현대 표점을 찍어 간단히 주석하였다."

그리고 《채근담》에 대하여 간단히 판본과 전래과정을 설명하였다. 그의 주장은 《채근담》이 언제 완성되었고 언제 최초로 판각되었는지는 알 길이 없지만 최소한 明 萬曆(1573~1619) 연간에는 완성되었을 것이며, 그 장소는 北京일 것이라 하였다. 그리고 〈초각본〉이나 〈명각본〉을 자신의 힘으로는 찾을 수 없지만 아마 실전되었을 가능성이 가장 높다고 하였다.

그러다가 1915년 浙江省 奉化縣의 孫鏘이라는 자가 日本 京都에서 일본인 竹子恭이 詮釋한 《채근담》을 구입하였는데 이는 중국에서 보지 못하였던 것이라 여겨 이를 가지고 귀국, 다시 각인하여 친구들에게 증정하였다는 것이다. 그런데 실제로 중국에는 이미 《채근담》이 있었고 淸代에 끊임없이 판각되었다는 것이다. 그러나 〈보광사본〉에 대한 자세한 설명은 하지 않고 있어, 본인은 이를 직접 보지 못하여 확정적으로 말할 수는 없지만 이것이 〈건·광본〉과 같은 것이며, 다만 券上 卷下로 나뉜 것 외에는 차이가 없는 것이 아닌가 한다. 특히 1917년 韓國에서 이미 卍海 韓龍雲에 의해 講義된 《채근담》에 僧 來琳 重刊本을 거론하고 있어 〈건·광본〉은 중국에서 볼 수 있었던 판본임에는 의심의 여지가 없다.

(5) 〈周光煦 序文本〉續遺篇

지금 중국에서 유행하고 있는 백화본 《채근담》과 한국에서 유행하는 것은 대체로 「일본유전본」이 70여 년 전 들어온 것이다. 그러나 「일본유전본」에는 있으나 「중국유전본」에는 없는 153장이 문제였다. 이에 주광후는 바로 여기에 관심을 가지고 이를 추려내어 〈속유편〉이라 한 것이다. 그 서문에 "이 책은 옛날 蜀刻本이 있었다. 근래 海公上師의 명을 받들어 「일본유행본」을 참조하여 舊本에 없던 것을 새로 增入하여 이 책을 완비하게 되었다"(是書舊有蜀刻本. 近奉海公上師之命, 參照東瀛流行之本, 凡舊本所無者新增入之, 於是此書蔚爲完備矣)라 하였다. 여기서 舊本은 구체적으로 어떤 판본을 말하는지 알 수 없으며 海公上師도 어떤 인물인지는 알 수 없으나, 결국 구본은 「중국유전본」임이 분명하며 〈건·광본〉 계통이다.

그러나 이러한 증입은 구태어 「일본유전본」을 근거로 할 필요가 없었다. 우선 〈속수사고전서본〉(명각본. 원래 상해도서관장본임)이 엄연히 중국에 있고 소위 「일본유전본」과 순서와 체계가 같다. 그렇다면 「일본유전본」의 원본 계통도 중국에 있었던 것이다. 특히 말미의 6장은 「일본유전본」에 없는 것이니 그렇다면 「일본유전본」도 결국은 중국 원본(명각본 혹 초각본)이 전래되어 건너간 것이 아니고서야 불가능하기 때문이다. 따라서 〈명각본〉(속수 사고전서)이 원본이며 袁庭棟이 말한 「중국유전본」은 중국 내에서 청대 새로이 편집되면서 그 자료를 洪氏가 남긴 다른 파일(file)에서 근거를 삼았을 가능성이 매우 높다. 그러므로 〈명각본〉은 〈명각본〉대로 누락된 것이 있고(보광사본 권하 전체) 〈보광사본〉은 〈보광사본〉대로 누락된 것(주광후 속유편 153장)이 있게된 것으로 보아야 할 것이다.

(6) 臺灣 中央研究院本

이는 《채근담》 판본과 전혀 무관하다. 자료를 검색하여 출력한 결과 俗文學 희곡대본 3종(《花魁從良》·《妓女悲傷》·《丁香割肉》) 말미에 각각 《菜根譚前集》이라 하여, 3조(花), 4조(妓), 4조(丁)씩 옮겨놓은 것이며, 연유는 알 수 없다. 그러나 모두가 현존 《채근담》이 들어 있는 구절들이다.

(7) 現代 中國 白話本

현대 《채근담》 백화어 번역본으로는 北京燕山出版社의 《文白菜根譚大系》(張鳴 등 主編, 1998. 上中下 총 2270쪽)가 있으나 이는 《채근담》과 전혀 관계가 없다. 《채근담》의 主旨를 빌려 이름만 그렇게 사용했을 뿐이다. 〈修身菜根譚〉, 〈爲學菜根譚〉 등 8가지로 나누어 古典의 名文을 모아 해설한 일종의 명문집이다.

그 외에 智慧果叢書《채근담》(江西古籍出版社, 2002)은 〈명각본〉(원정동이 말한 일본유전본)을 그대로 번역, 評析한 것으로, 前集 225, 後集 135장 등 358장이 들어 있고 역주자는 木子로 되어 있다.

그리고 學林出版社(2002, 上海) 《채근담》 역시 〈명각본〉을 근거로 하되 360조를 크게 「處世爲人篇」, 「功業成敗篇」, 「修身養性篇」, 「學以治用篇」, 「返璞歸眞篇」 등 5가지의 소제목을 붙이고, 다시 매 장마다 "抱朴守拙 涉世之道"(본책의 002장) 등 제목을 붙였으며 순서는 모두 그 주제에 맞추어 바꾸었다. 그밖에 최근 《菜根譚全編》 洪應明(著) 李偉(編注) 岳麓書社 2006 湖南 長沙, 《菜根譚》 明, 洪應明(著) 陳國慶(主編) 安徽人民出版社 2005 安徽 合肥, 《菜根譚》 馬鳳華·何芳(評譯) 吉林人民出版社 2006 吉林 長春, 新譯《菜根譚》 吳家駒(注譯) 三民書局 2007 臺灣 臺北 등 역주본에 끊임없이 쏟아져 나오고 있다.

(8) 국내 번역본

한국 최초의 《채근담》은 만해 한용운이 1917년 新文館에서 펴낸 「精選講義 《菜根譚》」이다. 번역 면에서 중국보다 일찍 나온 것이며 내용도 심도 있게 해설하고 있다. 그러나 제목에서처럼 「정선강의」가 목적이어서 우선 〈건·광본〉 383장 중 218장을 싣고 있으며, 뒤를 이어 〈명각본〉에만 있는 것을 골라 59장을 번역하여 총 277장을 싣고 있다. 그러나 만해가 대본으로 한 판본은 지금으로서는 알 수 없는 「僧 來琳 重刊本」(支那廣本)이라 하였다.

우선 만해는 凡例에서 "淸 乾隆間의 僧 來琳이 重刊한 支那廣本을 주로 하고, 日本 現行의 略本을 綜合 精選하되 各本에 互出不同한 字句는 일일이 註示함"이라 하여 실제 「일본유전본」과 중국 〈건·광본〉 계통을 모두 참고한 것임을 알 수 있다. 그가 말한 支那廣本(來琳 重刊本)은 〈건·광본〉과 같은 계통일 것이며, 일본유행의 略本은 〈명각본〉과 같은 것이었을 것으로 보인다.

만해 이후 우리나라 《채근담》은 대체로 모두가 「일본유전본」(명각본 계통)을 근거로 하여 펴낸 것이다. 우선 金丘庸(1955)이 펴낸 《채근담》이 있고, 《마음의 샘터》(1964)는 역자 이름 없이 통속본으로 《채근담》 구절을 간추려 펴낸 것이며, 趙芝薰(1974), 盧台俊(1974), 朴一峰(1974), 成元慶(1975) 등이 있다. 그 중 조지훈 역주본은 순서를 바꾸어 「自然篇」, 「道心篇」, 「修省篇」, 「涉世篇」 등으로 나누어 주제별로 재분류하고 있다.

그리고 지금에 이르러서는 《채근담》이라는 단순한 책이름을 그대로 사용한 것이 주류를 이루고 있으나, 이를 넘어 《삶의 지혜 채근담》(김성원), 《채근담독본》(황병국), 《아하! 채근담》(진동일), 《신역채근담》(이은규), 《만화 채근담》(진동일), 《일붕필사채근담발췌본》(서경보), 《채근담강의》, 《천고의 철언명훈채근담강화》(이종렬), 《이야기로 읽는 365일 채근담》, 《처세의 교훈 채근담》(조수익), 《생활의 지혜 채근담》(최준하), 《채근담-음악과 함께하는 선인들의 진리의 말씀》, 《수양채근담강화》, 《다시 보는 채근담》 등 무려 60~70여 종이 쏟아져 나와 있다.

還初道人(洪應明, 自誠) 著書二種(《菜根譚》,《仙佛奇蹤》) 표지와 서문 일부(廣文書局, 1983 臺北 印本)

乾隆本《채근담》표지와 還初道人(洪應明, 自誠) 지어(識語) 건륭 59년(1794)

菜根譚

備省

洪應明著

菜根譚 一

欲做精金美玉的人品定從烈火中煅來思立掀
天揭地的事功須向薄冰上履過
一念便覺百行皆非防之當如渡海浮囊勿容
一針之滲漏萬善全始得一生無愧怍之當如凌
雲寶樹須假眾木以撐持

忙處事為常向閒中先檢點過舉自非功於靜
預從靜裏密操持非心自息
為善而欲自高勝人施恩而欲要名結好脩業而
欲驚世駭俗植節而欲標異見奇此皆是善念中
戈矛理路上荊棘寀易夾帶寀難拔除者也須是
滌盡渣滓斬絕萌芽纔見本來真體
能輕富貴不能輕一輕富貴之心能重名義又復
重一重名義之念是事境之塵氛未埽而心境之

乾隆本《채근담》첫장

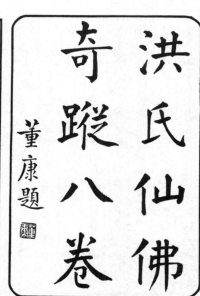

洪氏仙佛奇蹤八卷

董康題

洪氏《仙佛奇蹤》표지와〈四庫全書總目提要〉

夫人生墮落世網彼蠅爭蟻逐單無論巳即古稱長心逸節亦往

往覊羽翮足若轅駒檻鳥然而消搖物外也者

楢惟羽客仙翁吸雲英湌石髓駕紫鳳以翻翥馭青牛而遊邁一

條藜杖汛雲水之三千牛片衲衣訪洞天之十二蒙莊氏所稱消

搖遊者意在斯乎予性寡諧謝絕一切世氣獨紫芝白石有夙癖

馬洪生自誠氏新都弟子也一日携仙紀一編微言於予披閱

之青霞紫氣曒發左右宛若遊海上而摄羣真令人飄然欲仙箕

欲界丹丘塵世蓬島也雖仙有夙契得皮忘髓終非昇

舉向上事顧塵勞粲刼中定喘拭眛纎名香贖苦若時一靄盥玩

之不猶吞火而欲之以氷哉他日倘逸燹籠而步碧虛請執是以

作玉杵或不謂無因云

　　　　　　了凡道人袁黃題

佛引

仙佛奇蹤序

覩自識浪障空迷雲鎖月茫茫苦海泲無津崖世尊羅漢諸菩薩

放大光明普照河沙世界用是興慈發願首建止觀二法爲羣生

莊迷剗障令各自曝本來古稱慈航寶筏語不虛巳洪生自誠氏

圽慕紛華晚棲釋寂綠是遍諸佛菩薩而爲之傳其神紀其事因

以寂光境標焉蓋從止得寂綠照生光祖竺氏宗風爲世人開

一方便法門於三乘教中亦焦我哉眞實行善者逎譚者又謂於

所有中妄立名相是謂平地生波從何得入淨樂國土是不然機

有淺深教有頓漸大善知識悟般若眞空不落聲聞不墮色相泂

無藉此贅疣茂初機小乘雖善相而叛依聽法輪而悟入不假以

舟楫誰爲出迷逾而登覺岸哉雖然有不障無色不異空言一無

言也相一非相也具摩醯眼者頋無生事理障

　　　　　　眞實居士馮夢禎題

一

《선불기종》引文

老君

老子者太上老君也累世化身而未有誕生之迹迫商陽甲時分

神化氣始寄胎玄妙玉女八十一年暨武丁庚辰二月十五日卯

時降誕於楚之苦縣賴鄉曲仁里從母左腋而生於李樹下指樹

曰此吾姓也生時白首面黃耳矩目鼻純骨雙柱耳有三漏門

美鬚廣顙踈齒方口足蹈三五手把十文姓李名耳字伯陽號曰

老子又號曰老聃周文王為西伯召為守藏史武王時遷為柱下

史乃遊西極大秦兰乾等國號古先生導其國康王時還歸子

周復為柱下史昭王二十三年駕青牛車過函谷關度關令尹喜

知之求得其道中史昭王二十五年降於蜀青羊肆會尹喜

至穆王時復還中夏敬王十七年孔子問道於老聃退而有猶龍

之嘆賴王九年復出散關飛昇昆崙秦時降洗河之濱號河上公

授通安期生漢文帝時號廣成子文帝遣使詔問之公曰道尊德

貴非可遽問帝卽命駕詣之帝曰域中有四大王居一焉子雖有

《선불기종》 첫장

光緒本(1875)《菜根譚》표지. 新文豐出版公司 印本(1993, 臺北)

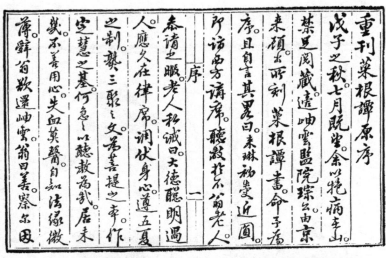

重刊菜根譚原序

序

戊子之秋七月既望余以抱痾奉山

禁足閤藏遇岫雲監院璨公由京

来頒古所刻菜根譚書命予為

序且自言其畧曰菜根初愛近圓

即訪西方諸席聽教扵不翁老人

泰請之眠老人私誡曰大德聽明過

人應久在律席調伏身心遵五夏

之制槊三聚之文為菩提之本作

空慧之基何急〻以聽教為哉居未

幾不善用心失血莫醫自如渍綠微

薄辭翁歎遣岫雲翁曰善察尔因

一

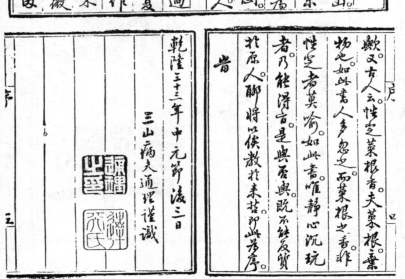

歟又古人云性定菜根香夫菜根棄

物也如此書人多忽之而菜根之香非

性定者莫喻如此書惟静心沉玩

者乃能得言是興居興既不雜貧

扵原人聊將此僕教扵来苦即此苦序

當

乾隆三十三年中元節後三日

三山病夫通理謹識

序

二

通理〈重刊菜根譚原序〉시작과 말미 부분(1768)

敘

菜羹布衲芝屋貧蔬浮華不
染塵此　先中議公詠懷之作余
小子書諸紳誌諸簡用是治家服
官時以黙華崇實為務固敢失
隆貽　前人蓋故鄙人服食越崖見
之者詫其敝陋而不知拳之意已

敘
一

十敘我如一日矣歲丁酉來守秣陵
有僧讓之持　洪先生菜根譚末
謁久之復以附刻　先生詩為清魚
乞余弁言卷端余黙識於心蜀午
於簿書未果也今敢敘之曰嗚呼
世浮薄人欲汎濫其百什什僭於飲
食者何限蓋德之不脩學之不講者

佩服先賢　父師之訓而力不足以副
之寧不自愧讓之一介野僧顧知
洪先生書之善而珍之又知　先之詩
之善而傳之詎非大善知識哉金閊
嘉讓之意之義且善書與詩之互
證參觀可以流傳於廣永也乃敘而
付諸讓之

敘
三

光緒二十有五年歲在己亥春正月
人日

誥授中憲大夫
賜進士出身前翰林院編修候補道江蘇
江寧府知府桂林劉名譽謹譔并書

광서본《채근담》劉名譽 서문, 시작과 말미부분(1889)

重刊菜根叙

善書之繁賾同於聖賢傳而人若不之見者端由
溺於物欲而不知其切於身心也悲夫善書之要不
外作德心逸作僞心勞與聖賢傳並行不悖焉余
不敏求能探經傳之奧每得善書必翫棄焉襄見節
錄菜根譚一冊奉爲枕秘輒以未獲全本爲懷丙子
春居士楊淨一設蔬筍之淸齋餉芝蘭之雅契語傳
茶論理悟蓮因時觀如辯才閒關於藏經禪院之西
偏淨一偕余往見頗有遺世獨立之槪座中有三長
老一淸梵一月航一爲觀如上人之師妙蓮淸禪片

菜根譚叙　　　　　一

瞇塵慮俱空觀如出全編授張博學翰臣囑寄同志
冀廣流傳余歉然菜之亦授一卷先是汪布泉居士
久藏此卷未付剞劂觀如上人見之卽爲倡首淨一
繼之兼得多助遂藏其事昔眞西山論菜云百姓不
可一日有此色士大夫不可一日不知此味若自一
同百姓之有此色正緣士大夫之人則當必知其職分矣
以至於公卿皆得咬菜根之旨而善與人同之意先後
百姓何愁無飯喫余三復二公語並繹原序潤覺意
味深長隱合是書命名之旨而良足異也惟願閱是編者按
一轍均屬法門開士亦

其節目咪其旨趣身體而力行之不將躋斯民於仁
宇哉是爲序
光緒二年杏月中澣海陵萍寄生儲金棟識於邗上
之淸泰室

菜根譚叙　　　　　二

儲金棟〈重刊菜根譚叙〉서문(1876)

菜根譚　　　　　　　　　　洪應明著

修省

欲做精金美玉的人品定從烈火中煅來思立掀天
揭地的事功須向薄氷上履過。
一念錯便覺百行皆非防之當如渡海浮囊勿容一
針之罅漏萬善全始得一生無愧修之當如凌雲寶
樹須假眾木以撐持○
忙處事為常向閒中先檢點過舉自稀動時念想預
從靜裏密操持非心自息。

菜根譚

二

為善而欲自高勝人施恩而欲要名結好修業而欲
驚世駭俗植節而欲標異見此皆是善念中戈矛
理路上荊棘最易夾帶最難拔除者也須是滌盡渣
滓斬絕萌芽纔見本來真體
能輕富貴不能輕一輕富貴之心能重名義又復重
一重名義之念是事境之塵氛未埽而心境之芥蒂
未忘此處拔除不淨恐石去而草復生矣。
紛擾固溺志之場而枯寂亦槁心之地故學者當棲
心元默以寧吾真體亦當適志恬愉以養吾圓機
昨日之非不可留留之則根燼復萌而塵情終累乎

광서본(1875) 《菜根譚》 본문 첫장

菜根譚

菜根譚題詞

逐客孤踪屏居蓬舍樂與方以內人遊
不樂與方以外人遊也安與于古聖賢
置辯於五經同異之間不妄與異二三小
子淺跌于雲山變幻之麓也曰與漁父
田夫朝吟咏味於五湖之濱綠野之坳
承日與誇刀錐榮升于朝廷辭擇情於
冷熱之場腥羶之窟也間有習濂洛之
談者牧之習竺乾之業者關之爲譚天
雕龍之辯者遠之此足胤畢孚坐中彼
佝矣適有芟人洪自誠甫持菜根譚示
予且丐予序予始誑又豁眎之目既而
徹几与陳編屏胸中榷處手讀之則覺
具譚性命直人玄澂道人情曲畫岂除

俯仰天地見胞次之夷猶塵芥功名知
識趣之高遠單底陶鑄菲非緜樹青業
口吻化工盡是蒼飛魚躍此與自得何
如固未殷淺得而據所揄詞悲欣世醒
人之噫黌非人目山口之浮華也譚以
菜根名固自清苦歷練中來夾自栽培
灌漑裡得其顛頓凮波獵嘗除阻可想

吳菜子出天勞我曰形吾逢吾心以補
之天阨家以遇吾高吾道以通之與所
自警自妙者又可思矣用是以繫語弁
之猗公諸人又起菜根中有真味也
三峰主人于孔兼題

還初道人洪自誠著
覺迷居士汪乾初校

棲守道德者寂寞一時依阿權勢者妻涼萬古
達人觀物外之物思身後之身寧受一時之
寂寞毋取萬古之凄涼

涉世淺點染亦淺歷事深機械亦深故君子與
其練達不若朴魯與其曲謹不若踈狂

君子之心事天青日白不可使人不知君子之
才華玉韞珠藏不可使人易知

勢利紛華不近者為潔近之而不染者為尤潔
智械機巧不知者為高知之而不用者為尤
高

耳中常聞逆耳之言心中常有拂心之事纔是
進德修行的砥石若言又悅耳事又快心便
把此生埋在鴆毒中矣

明刻本《채근담》題詞(앞장 계속)와 前集 첫장

痒席上不知警為席外者哎舌故君子身雖
在事中心要超事外也

人生減省一分便超脫一分如交遊減則紛
擾言語減便寡愆尤思慮減則精神不耗聰
明減則混地可完彼不求日減而求日增者
真桎梏此生哉

天運之寒暑易避人世之炎涼難除人世之炎
涼易除吾心之冰炭難去又得狄中之冰炭
則滿腔皆和氣自隨地有春風矣

茶不求精而壺亦不燥酒不求冽而罇亦不空
素琴無絃而常調短笛無腔而自適縱難超
越羲皇亦可匹傳秬阮

釋氏隨緣吾儒素位四字是渡海的浮囊蓋世
路岐又一念求全則萬緒紛起隨寓而安則
無入不得矣

童子心虛而雜馴海翁機息而鷗下唯藏機挾

詐之人神形兩相猜疑肝膽自為胡越豈堪
物不能動抑且身自為恍

草木之芳菲魚鳥之飛躍烟雲風月之遞宕而
光露皆吾性的生機若被塵勞羈鎖物欲牽
障觸目不見一點趣味吾性亦索然矣

世態有炎涼而我無嗔喜味有濃淡而我無
欣厭一毫不落世情巢臼便是在世出世
法也

後　廿一

寧為璞玉毋為主璋蓋為素絲毋為黃裳凡事
不受人益呎便與天遊

人心一有粘帶便鴻毛重若泰山唯因物付物
洒然自得則堯舜遜讓不過三杯酒湯武征
誅真是一局棋笑

奔走風塵者心冗意迫百年恍若一瞬棲遲泉
石者念息機閒一日真如小年

明刻本《채근담》후집(續修四庫全書) 끝 부분. 뒤의 "童子心虛"부터 끝까지 6장이
日本 流傳本에는 누락되었다.

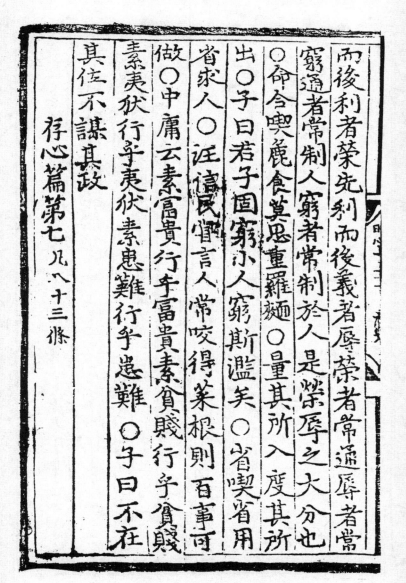

而後利者榮先利而後義者辱榮者常通辱者常
窮通者常制人窮者常制於人是榮辱之大分也
○命令喫鹿食莫思重羅麵○量其所入度其所
出○子曰君子固窮小人窮斯濫矣○省喫省用
省求人○訏信民覺言人常咬得菜根則百事可
做○中庸云素富貴行乎富貴素貧賤行乎貧賤
素夷狄行乎夷狄素患難行乎患難○子曰不在
其位不謀其政

存心篇第七九八十三條

《明心寶鑑》初刊本 安分篇"菜根"일절

名也

○注信民이 嘗言人이 常咬得菜根則百事를 可做ㅣ라호 胡虔

侯ㅣ聞之호고 擊節嘆賞이라호며

●注信民이 일죽 닐오디 사롬이 샹히ㄴ믈 벌쥐를 너흘면 온갓일을 可히 일우리라호

야ㄴ늘 胡康侯ㅣ듯고 節을 擊ᄒᆞ고 차탄ᄒᆞ야 기리더라

(集說)陳氏ㅣ曰信民은 名革이오 臨川人이오 康侯는 文定公이오 字也ㅣ오 人能甘淡泊ᄒᆞ야 而不以外物로 勤心이면 則可以有為矣리니 擊節은 一說에 擊手指節이오 一說에 擊器物ᄒᆞᆫ 為節이니 皆通ᄒᆞ니라 嘆은 嗟嘆이오

質은 稱賞이라 朱子ㅣ曰學者는 須常以志士不忘在溝壑으로 為念이면 則道義重ᄒᆞ고 而計較死生之

心이 輕矣리니 況衣食外物이 至微末事아 不得ᄒᆞ야도 未必便死ㅣ니 亦何用義犯犯分ᄒᆞ야 役心役志ᄒᆞ야

營營以求之耶아 某觀今人ᄒᆞ니 因不能咬菜根ᄒᆞ야 而至於違其心者ㅣ 衆矣니 可不戒哉아

右는 實敬身이라

●이우흔 몸공경홈을 實히 우니라

原本小學集註卷之六 終

《小學》善行篇 實敬身의 "菜根" 일절

明
洪應明 著
朝鮮 韓龍雲 講義

精選 講義 菜根譚

新文館 發行

精選講義菜根譚 叙言 一

叙言

撥琫土之秀石爲松篁一噉而要使人人往而觀之宜其厭多
而莫不成誹撥滿天之風露雪月延一浩翅而要使人人往而居
之宜其苦寒而莫不欲逃至若離豐草漫没樹霄其悶然綠
靡俄然黃落之際怱覩他秀石也則其巉剥之勢苓支之
色得無起醫歸嘆者乎于若焰焰山泃泃苦海當其腴而凝荽
棠而蓊活之外回想他風露也雪月也則其荐凉之氣嗿品之光
得無消懐冷標者乎一日萬海上人遊心禪海之暇選夫逶初公
所著菜根譚新講議之編約之宗余於午夢有汗洪之熱
中也橧花吐紅熱輪懶空雕爛居絕山風綠之中狗有汗洪之熱
思況復此山以外多焦山苦海也想見病唯觸撥之去去來來者
自不爲吾佛如來憐惆勞生幾希巳乃方着開北窓而爽然披讀則
其初如入山陰之蹊邏而谷風凄雨四面圍人不遑其應接來者

精選講義菜根譚（修省）二

明 洪應明 著
朝鮮 韓龍雲 講義

修省

【講】修省이라 함은 自己의 身心에 對하야 修發省察을 謂함이라 하나니 사람이 이 世에 處함은 미가 가장 高貴함고 가장 安全한 生活을 做하야 極히 圓滿히 享有코저 하는 것은 共有한 欲心이라 하나 宇宙萬有複雜한 萬彙의 間에 介在한 各其에 邊할 處를 當하야 極히 困難함고 또한 極히 複雜하니 故로 互相의 間에 그 欲望의 邊할 境遇는 最初 主動의 標準되는 標準點되는 自己의 身心을 調理함이 먼저 宜을 得함지라 外物의 間에 生하는 關係를 他動되는 我에 對하야 根應은 곳 我의 外物에 對하야 作用함을 反射함이니 故로 自己의 身心을 修省

欲做精金美玉的人品，定從烈火中煆來，思立掀天揭地
的事功，須向薄氷上履過。

【講】精金美玉의 人品을 做코저 하면 定히 烈火의 中으로 좇아 煆來하고 掀天揭地의 事功을 立코저 하면 모두 薄氷의 上을 向하야 履過함지니라

【講】精金美玉의 人品을 做하는 人品은 一點의 瑕疵이 無히 優美하고 寶貴한 器皿을 成하려 하면 반드시 烈火와 如히 熱烈한 中으로 좇아 煆來하고 剛明精美한 品格을 做코저 하면 반드시 白刃을 蹈하며 志氣를 勵하야 忧悒患憂한 情緒를 解脫하고 그 精神을 煆煉하며 絶代의 豪傑을 十生九死萬敗의 困難을 逆境을 避하고 安逸을 順함만을 樂

니 故로 千秋의 忠烈과 萬世의 英雄과 絶代의 豪傑이 다 이 困難한 逆境을 逆境으로 좇아 出코저 하나 是에 反하야 困難함을 逆境을 避하고 安逸을 順境만을 樂

輕호 後에 得코 지함지 是에 反하야 困難

우리나라 첫 講解本 卍海 韓龍雲의 《菜根譚》 표지와 서언 본문 일부. 修省篇으로부터 시작하고 있다. 新文館(1917, 서울)

●菜根譚前集

學者要收拾精神。併歸一路。如修德而留意於事功名譽。必無實詣。讀書而寄興於吟詠風雅。定不深心。

人人有個大慈悲。維摩屠劊。無二心也。處處有種真趣味。金屋。茅簷非兩地也。只是慾蔽情封。當面錯過。便咫尺千里矣。

進德修道。要個木石的念頭。若有一欣羨。便趨慾境。濟世經邦。要段雲水的趣味。若一有貪著。便墮危機。

戲本《花魁從良》의 표지와 附記된《菜根譚》구절. 臺灣 中央研究院 傅斯年圖書館 藏本

● 菜根譚前集

念頭濃者。自待厚。侍人亦厚。處處皆濃。念頭淡者。自待薄。待人亦薄。事事皆淡。故君子居常嗜好。不可太濃豔。亦不宜太枯寂。

彼富我仁。彼爵我義。君子固不爲君相所牢籠。人定勝天。志壹動氣。君子亦不受造物之陶鑄。

立身不高一步立。如塵裡振衣。泥中濯足。如何超達。處世不退一步處。如飛蛾投燭。羝羊觸藩。如何安樂。

樂亭調大號
丁香割肉
冤婦上攻代嘆五更　靚姐出閣

戲本《丁香割肉》의 표지와 附記된《菜根譚》구절. 臺灣 中央研究院 傅斯年圖書館 藏本

戲本《妓女悲傷》의 표지와 附記된《菜根譚》구절. 臺灣 中央研究院 傅斯年圖書館 藏本

차 례

菜根譚 上

《菜根譚》(乾) 洪自誠 著(〈續修四庫全書〉本)

I. 전집 前集(001~222)

II. 후집 後集(223~362)

菜根譚 三

《菜根譚》(坤) 洪應明 著(〈寶光寺〉本)

I. 권상卷上(363~544)

〈一〉 수성편修省篇

〈三〉 평의편 評議篇

〈四〉 한적편 閑適篇

菜根譚(乾)

총 362장

淸, 雍正窯琺瑯彩五倫圖盌, 臺北故宮博物院 소장

I. 전집 前集

〈明刻本(續修四庫全書)〉 洪自誠(撰)

총 222장

菜根譚前集

還初道人洪自誠著
覺迷居士汪乾初校

棲守道德者寂寞一時依阿權勢者淒涼萬古
達人觀物外之物思身後之身寧受一時之
寂寞毋取萬古之淒涼

涉世淺點染亦淺歷事深機械亦深故君子與
其練達不若朴魯與其曲謹不若疎狂

君子之心事天青日白不可使人不知君子之
才華玉韞珠藏不可使人易知

勢利紛華不近者為潔近之而不染者為尤潔
智械機巧不知者為高知之而不用者為尤
高

耳中常聞逆耳之言心中常有拂心之事纔是
進德修行的砥石若言言悅耳事事快心便
把此生埋在鴆毒中矣

菜根譚

疾風怒雨禽鳥戚戚霽日光風草木欣欣可見
天地不可一日無和氣人心不可一日無喜
神

醲肥辛甘非真味真味只是淡神奇卓異非至
人至人只是常

天地寂然不動而氣機無息少停日月晝夜奔
馳而貞明萬古不易故君子閒時要有喫緊
的心思忙處要有悠閒的趣味

夜深人靜獨坐觀心始覺妄窮而真獨露每於
此中得大機趣既覺真現而妄難逃又於此
中得大慚忸

恩裡由來生害故快意時須早回頭敗後或反
成功故拂心處莫便放手

藜口莧腸者多冰清玉潔袞衣玉食者甘婢膝
奴顏蓋志以澹泊明而節從肥甘喪也

眼前的田地要放得寬使人無不平之嘆身後

《菜根譚》前集 〈續修四庫全書〉子部 雜家類

001(明前-1) 棲守道德者
도덕을 지켜 이를 삶의 터전으로 삼는 자는

도덕을 지켜 이를 삶의 터전으로 삼는 자는 한 때 잠시만 적막하지만,
권세에 아부하여 이를 의지하여 사는 자는 만고를 두고 처량하다.
달인達人은 만물 밖의 만물을 저울질해보고,
몸이 죽은 후의 몸을 생각한다.
차라리 한 때의 적막함을 당할지언정
만고의 처량함을 취하지는 않는다.[592]

棲守道德者, 寂寞一時;
依阿權勢者, 凄凉萬古.
　達人權物外之物,
　　思身後之身,
　　寧受一時之寂寞,
　　毋取萬古之凄凉.

〈노군〉

【棲守】 그곳을 사는 터전으로 여겨 지켜냄.
【萬古】 영원히 긴 시간, 세월, 역사.
【達人】 사물에 통달한 사람.
【物外之物】 눈에 보이는 현상으로서의 만물이 아닌 그 밖의 원리나 의미. 도.
【身後之身】 사후의 자신에 대한 평가.

002(明前-2) 涉世淺
세상을 섭렵함이 얕으면

세상을 섭렵함이 얕으면 좋은 영향에 물드는 것도 역시 얕게 마련이다.
일에 대한 경력이 깊으면 어려운 시대를 건너는 기계機械 역시 깊게 마련이다.
그러므로 군자로서는 차라리 시련으로 뛰어남이
오히려 박실하고 노둔함만 못한 것이요,
차라리 굽히고 삼가는 것이
성글고 바보인 듯 함만 못한 것이다.[754]

涉世淺, 點染亦淺;
歷事深, 機械亦深.
故君子與其練達, 不若朴魯;
與其曲謹, 不若疎狂.

【涉世】세상을 건넘. 온갖 일을 겪으면서 세상을 살아감.
【機械】세상을 헤쳐 나가는 틀. 도구. 사람이 일을 쉽게 처리하기 위해 만든
틀, 꾀. 자연에 상대되는 의미로 쓰였음. 만물의 기능적인 면을 가리키는 말.
機는 機智, 機能 등의 뜻을 내포하고 있음. 자연에 부정적인 의미로도
쓰였음.
【練達】단련되어 경지에 오름.
【朴魯】樸魯와 같음. 質朴하고 魯鈍함. '진실 그대로'라는 뜻.
【曲謹】간곡함과 근신함의 뜻, 그러나 쌍성어로 '굽히고 숙이다'의 뜻으로
봄이 타당함.
【疎狂】성기고 엉성하여 禮敎 등에 얽매이지 않는 모습.

003(明前-3) 君子之心事
군자의 마음 씀과 일 처리는

군자의 마음 씀과 일 처리는,
푸른 하늘에 환한 해처럼 하여,
사람들이 알지 못하게 해서는 안 되지만,
군자의 재주와 뛰어남은,
옥이 가죽주머니에 담겨 있고 구슬이 감추어져 있듯이 하여
남이 쉽게 알 수 있도록 해서는 안 된다.[545]

君子之心事,

天青日白,

不可使人不知;

君子之才華,

玉韞珠藏,

不可使人易知.

"玉韞珠藏" 篆刻 작품,
河丁 全相摹(현대)

【玉韞(옥온)】옥이 가죽주머니에 숨겨져 있음.《論語》子罕篇에「子貢曰:
"有美玉於斯, 韞匵而藏諸? 求善賈而沽諸?"子曰:"沽之哉! 沽之哉! 我待賈
者也."」라 하였다.

【珠藏】구슬이 깊이 감추어져 있음. '珠숨'과 같음.

※《增廣賢文》(659)에「心思如靑天白日, 不可使人不知; 財貨如玉韞珠숨, 不可使
人易測.」이라 하였다.

004(明前-4) 勢利紛華
세력과 이익, 화려함의 얽힘

세력과 이익, 화려함의 얽힘,
이것들에 가까이 하지 않는 자를 깨끗하다고 한다.
그러나 가까이 하면서도 이에 물들지 않는 자를 더욱 깨끗하다 할 것이다.
지혜와 기계, 틀의 공교함 따위는
잘 알지 못하는 자를 높이 여긴다.
그러나 이를 알면서도 쓰지 않는 자를 더욱 높이 여긴다.[755]

> 勢利紛華, 不近者爲潔. 近之而不染者爲尤潔;
> 智械機巧, 不知者爲高. 知之而不用者爲尤高.

【紛華】화려하게 꾸민 것.
【智械機巧】지혜의 틀이 교묘함.〈續遺〉에는 '智巧機械'로 되어 있음.

005(明前-5) 耳中常聞逆耳之言
귀로는 항상 귀에 거슬리는 말을 듣고

귀로는 항상 귀에 거슬리는 말을 듣고,
마음으로는 항상 마음을 어지럽히는 일을 지니고 있어라.

이렇게 하는 것이야말로 덕에 나가고 행동을 닦는 숫돌이 되는 것이다. 만약 말마다 귀에 즐겁고 일마다 마음을 상쾌하게 하는 것이라면 이는 곧 이 일생을 짐鴆毒 가운데 파묻어 버리는 짓이다.[546]

耳中常聞逆耳之言;
心中常有拂心之事,
纔是進德修行的砥石.
若言言悅耳, 事事快心,
便把此生, 埋在鴆毒中矣.

【拂心】 마음을 흔들어 동요시킴.
【纔(재)】 '겨우, 그래야만, ~야' 등 강조법에 쓰이는 부사. 백화어에서는 흔히 '才'로 고쳐 씀.
【砥石(지석)】 숫돌.
【鴆毒(짐독)】 鴆이라는 새가 가지고 있는 毒으로 그 새의 날개를 술에 담갔다가 먹어도 즉사할 정도로 맹독이라 함.

006(明前-6) 疾風怒雨
무서운 바람과 노한 비는

무서운 바람과 노한 비는 짐승과 새들이 불안을 느끼고,
갠 하늘과 빛나는 풍경은 초목이 즐거워한다.

이로써 천지는 하루도 온화한 기운이 없어서는 안되고,
사람 마음에는 하루라도
기쁜 정신이 없어서는 안 됨을 알 수 있다.[547]

疾風怒雨, 禽鳥戚戚;
霽日光風, 草木欣欣.
可見天地不可一日無和氣;
人心不可一日無喜神.

〈동왕공〉

【喜神】 희열을 느끼는 마음.

007(明前-7) 醲肥辛甘非眞味
　　　　잘 익은 술, 살찐 고기,
　　　　매운 맛, 신맛은 진실한 맛이 아니다

잘 익은 술, 살찐 고기, 매운 맛, 신맛은 진실한 맛이 아니다.
진실한 맛이란 그저 담백함뿐이다.
신기하고 뛰어나며 특이한 것이 곧 지인至人이 아니다.
지인이란 단지 평범하고 떳떳한 자일 뿐이다.[548]

醲肥辛甘非眞味, 眞味只是淡;
神奇卓異非至人, 至人只是常.

【至人】 지극한 경지에 오른 사람. '達人'과 같음.

008(明前-8) 天地寂然不動
천지는 고요하여 움직이지 않으나

천지는 고요하여 움직이지 않으나 기운과 기미는 잠시도 쉬는 법이 없고,
일월이 주야로 내달리나 곧고 명확함은 만고에 바뀜이 없다.
그러므로 군자는 한가한 때라도 긴장한 심사를 지니고 있어야 하고,
바쁜 가운데에서도 그윽하고
한가로운 취미를 가지고 있어야 한다.[756]

天地寂然不動, 而氣機無息少停;
日月晝夜奔馳, 而貞明萬古不易.
故君子閒時要有喫緊的心思;
忙處要有悠閒的趣味.

【寂然】 고요하여 어떤 소리도 없음.
【氣機】 氣의 運機. 한편 이 구절과 다음 구절은 〈續遺〉에는 '氣機無一息少停;
貞明則萬古不易'으로 되어 있음.

【喫緊(끽긴)】 매우 긴요함의 뜻. 쌍성어.
【趣味】 취향이나 풍미.

009(明前-9) 夜深人靜
밤 깊어 고요할 때

밤 깊어 고요할 때, 홀로 앉아 마음을 보라.
비로소 헛된 마음이 다 사라져 참다움이 홀로 나타남을 깨닫는다면,
매번 이러한 가운데에 큰 기취機趣를 터득할 수 있다.
이미 참됨은 드러나지만
헛된 마음은 벗어나기가 어렵다는 것을 깨닫게 된다면,
다시 이러한 속에서 큰 부끄러움을 터득할 수 있다.[549]

夜深人靜, 獨坐觀心:
始覺妄窮而眞獨露. 每於此中, 得大機趣.
旣覺眞現而妄難逃, 又於此中, 得大慚忸.

【觀心】 자신을 객관화하여 관찰하는 불교의 수행법.
【機趣】 천지 순환의 자연 법칙과 인간의 逸趣.
【慚忸(참뉵)】 부끄러움. 〈寶下〉에는 '慚悔'로 되어 있음.

010(明前-10) 恩裡由來生害

은혜 가운데에는
해害가 생겨나는 원인이 있다

은혜 가운데에는 해害가 생겨나는 원인이 있다.
그러므로 유쾌한 기분일 때 모름지기 얼른 고개를 돌려라.
실패한 뒤에 혹 도리어 성공하는 경우가 있다.
그러므로 마음이 흔들리는 곳이라 해도
곧바로 손을 놓는 일이 없도록 하라.[550]

恩裡由來生害,
　故快意時,
　　須早回頭;
敗後或反成功,
　故拂心處,
　莫便放手.

〈서왕모〉

【莫便放手】〈寶下〉에는 '切莫放手'로 되어 있음.

※《增廣賢文》(511)에 「恩裏由來生害, 得意時須早回頭; 敗後或反成功, 拂心處莫
便放手.」라 하였으며,《格言聯璧》持躬類(170)에는 「恩裡由來生害, 故快意時
須蚤回頭; 敗後或反成功, 故拂心處莫便放手」라 함.

011(明前-11) 藜口莧腸者

명아주 잎이나 비름 같은
거친 음식으로 배를 채우는 자

명아주 잎이나 비름 같은 거친 음식으로 배를 채우는 자 가운데는
흔히 빙청옥결氷淸玉潔한 자가 많지만,
곤포袞袍 같은 좋은 옷에 옥 같은 귀한 음식을 먹는 자는 노비들이
무릎을 꿇고 순종하는 데에 단 맛을 느낀다.
대체로 뜻은 담박함 속에서 밝아지고 절조는 살찌고
달콤한 속에서 잃게 된다.[551]

藜口莧腸者, 多氷淸玉潔;

袞衣玉食者, 甘婢膝奴顔.

蓋志而澹泊明,

而節從肥甘喪也.

【藜·莧】藜(려)는 명아주 잎. 흔히 이를 넣어 끓인 거친 국을 뜻함. 莧(현)은
비름나물. 역시 거친 음식을 상징함.
【氷淸玉潔】얼음처럼 맑고 옥처럼 깨끗함.
【袞衣(곤의)】袞袍(곤포). 매우 좋은 옷을 뜻함.
※《增廣賢文》(049)에「志從肥甘喪, 心以淡泊明.」이라 하였다. 그리고 諸葛亮의
〈戒子書〉에는「非淡泊無以明志, 非寧靜無以致遠.」이라 하였으며《孟子》梁惠王
(上)에는「爲肥甘不足於口與, 輕暖不足於體與.」라 하였다.

012(明前-12) 面前的田地
눈앞에 펼쳐진 전지田地는

눈앞에 펼쳐진 전지田地는 관대히 풀어놓아
남에게 불평의 탄식이 없도록 하고,
죽은 후의 혜택은 오래도록 흐르게 하여
사람들로 하여금 끝없는 그리움을 지니게 하라.[552]

面前的田地, 要放得寬, 使人無不平之嘆;
身後的惠澤, 要流得久, 使人有不匱之思.

【要流得久】〈寶下〉에는 '要流得長'으로 되어 있음.
【不匱之思(불궤지사)】 다함이 없는 그리움.

013(明前-13) 徑路窄處
지름길 좁은 곳에서

지름길 좁은 곳에서 한 걸음 양보하여 남이 가도록 비켜주고,
맛 좋은 음식은 서三 푼分쯤 덜어서 남에게 양보하라.
이것이 곧 세상을 건너는 지극한 안락법安樂法 중의 하나이니라.[553]

徑路窄處, 留一步與人行;

滋味濃的, 減三分讓人嗜.

此是涉世一極安樂法.

【徑路窄處(경로착처)】 다른 본에는 '路徑窄處'로 되어 있음.

【三分】 10분의 3. 3할.

【一極安樂法】 〈寶下〉에는 '一極樂法'으로 되어 있음.

※ 《增廣賢文》(296)에 「路逢險處, 爲人辟一步周行, 便覺天寬地闊; 遇到窮時, 使我
留三分撫恤, 自然理順情安.」이라 하였으며, 같은 《增廣賢文》(537)에 「路徑仄處,
留一步與人行; 滋味濃的, 減三分讓人嗜.」라 하였다. 그리고 《史典》(願體集)에는
「路徑窄處, 須讓一步與人行; 滋味濃的, 須留三分與人食.」이라 하였다. 청대
金纓의 《格言聯璧》 接物類(309)에도 「徑路窄處, 留一步與人行; 滋味濃底, 減三分
讓人嗜」라 하여 전재하고 있으며 같은 책 惠吉類(479)에는 「世事讓三分, 天空
地闊; 心田培一點, 子種孫收」라 하였다.

014(明前-14) 作人無甚高遠事業
　　　　사람으로서
　　　　아주 고원한 사업이 없을지라도

사람으로서 아주 고원한 사업이 없을지라도
속된 정情을 벗어나오면 곧 명류名流에 드는 것이요,
배움에 훌륭한 증가의 공부가 없을지라도
외물에 얽매임을 덜어 없애면 곧 성인의 경지를 뛰어넘은 것이다.[554]

作人無甚高遠事業, 擺脫得俗情, 便入名流.

爲學無甚增益功夫, 減除得物累, 便超聖境.

【事業】 필생의 업무나 업적.

【擺脫(파탈)】 벗어남. 벗어버림.

【功夫】 ‘工夫’로도 쓰며 宋나라 이후 쓰이던 白話語로 ‘어떠한 일에 매달려 온 힘을 다함’을 뜻함.

015(明前-15) 交友須帶三分俠氣
친구를 사귐에는 모름지기

친구를 사귐에는 모름지기 서 푼쯤의 협기만 지니고,
사람 노릇함에는 한 점의 소박한 마음을 보존하여라.[746]

交友須帶三分俠氣,

作人要存一點素心.

【俠氣】 친구를 위한 의협심이나 의리.

【素心】 소박한 본디의 평상심.

016(明前-16) 寵利毋居人前
　　　총애와 이익에서는 남보다 앞서지 말되

총애와 이익에서는 남보다 앞서지 말되,
덕업에 있어서는 남에게 뒤지지 말라.
복은 자신의 분수를 넘어선 것을 받아 누리지 말되,
수행하는 일에는 자신의 몫을 줄이지 말라.[555]

　　寵利毋居人前, 德業毋落人後;
　　受享毋踰分外, 修爲毋減分中.

【寵利(총리)】 총애나 이익.

※《增廣賢文》(153)에 「受享不踰分外, 修持不減分中.」이라 하였다.

017(明前-17) 處世讓一步爲高
　　　세상에 처하여 한 걸음 사양함을
　　　높은 것으로 삼아라

세상에 처하여 한 걸음 사양함을 높은 것으로 삼아라.
물러서는 걸음이 곧 진보의 장본張本이니라.

남을 대우함에 한 푼쯤 관대하게 하는 것이 복이니라.
남을 이롭게 함이 바로 자신을 이롭게 하는 근본 바탕이니라.[556]

處世讓一步爲高,
退步卽進步的張本;
待人寬一分是福,
利人實利己的根基.

【張本】 가장 중요한 근거.
【根基】 근본의 바탕.

018(明前-18) 蓋世功勞
　　　　세상을 덮을 공과 노고가 있다 해도

세상을 덮을 공과 노고가 있다 해도
자랑矜이라는 글자를 가져서는 안 된다.
하늘을 가릴 만큼의 죄와 허물이 있다 해도
뉘우침悔이라는 글자를 가져서는 안 된다.[557]

蓋世功勞, 當不得一個矜字;
彌天罪過, 當不得一個悔字.

【蓋世(개세)】 세상을 다 덮음.
【彌天(미천)】 하늘을 막고 가림.
【一個悔字】〈寶下〉에는 '一個改字'로 되어 있음.

019(明前-19) 完名美節
완전한 명예나 아름다운 절의는

완전한 명예나 아름다운 절의는 혼자 차지해서는 안 된다.
남에게 일부를 나누어주어야
해를 멀리하고 몸을 온전히 할 수 있느니라.
치욕의 행동과 오욕의 이름은 남에게 모두 미루어서는 안 된다.
일부를 끌어 자신의 책임으로 돌려야
영광을 갈무리하여 덕을 기를 수 있느니라.[558]

完名美節, 不宜獨任,
　　　　分些與人, 可以遠害全身;
辱行汚名, 不宜全推,
　　　　引些歸己, 可以韜光養德.

【韜光養德(도광양덕)】 자신의 자랑거리를 가죽 주머니에 감추고 덕을 기름.

020(明前-20) 事事留個有餘
일마다 여유를 남겨두어

일마다 여유를 남겨 모두 없애지는 않으려는 뜻을 가져라.
그리하면 곧 조물주도 나를 시기하지 못할 것이며,
귀신도 나에게 손해를 끼치지 못하리라.
만약 사업에 기필코 만족하기를 바라고,
공에 있어서도 기필코 가득 차기를 바란다면
이런 사람은 안으로 변고가 없다 해도
틀림없이 밖의 근심을 부르게 될 것이다.[559]

事事留個有餘不盡的意思,
　便造物不能忌我,
　　鬼神不能損我.
　　若業必求滿,
　　功必求盈者,
　　　不生內變,
　　　必召外憂.

〈적송자〉

【個】白話語 표현의 量詞.
【造物】우주 만물의 창조자. 造物主.
【必召外憂】〈實下〉에는 '必招外憂'로 되어 있음.

021(明前-21) 家庭有個眞佛
집안에 하나의 진불眞佛이 있고

집안에 하나의 진불眞佛이 있고,
날마다 쓸 하나의 진도眞道가 있느니라.
사람이 능히 성심과 화기로써 하고,
밝은 얼굴에 고운 말씨로 하여,
부모형제로 하여금 형해形骸가 모두 풀려
의기가 교류토록 한다면
이것이야말로 조식관심調息觀心보다 만 배나 나은 것이니라.[560]

家庭有個眞佛, 日用有種眞道.

人能誠心和氣, 愉色婉言.

使父母兄弟間, 形骸兩釋,

　　意氣交流, 勝於調息觀心萬倍矣.

【眞佛】참된 부처. 여기서는 일상생활 속의 진심.
【形骸(형해)】몸체를 일컫는 말. 형은 생김새, 해는 골격.
【調息觀心】숨을 조절하는 좌선의 수양법과 마음을 관찰하는 수행법.

022(明前-22) 好動者
움직이기를 좋아하는 것은

움직이기를 좋아하는 것은 구름 속의 번개나 바람 앞의 등불이다.
고요함을 좋아하는 것은 죽어 재가 된 것이거나 죽은 고목이다.
모름지기 멈춘 구름, 그친 물 가운데에
연비어약鳶飛魚躍하는 기상이 있어야
비로소 도를 가진 마음과 몸이니라.[747]

好動者雲電風燈;
嗜寂者死灰槁木.
　須定雲止水中,
有鳶飛魚躍氣象,
繞是有道的心體.

〈광성자〉

【死灰槁木(사회고목)】《莊子》齊物論에 실려 있는 말로 극단적이고 편협함을
　비유한 말. '槁木'은 '枯木'과 같음. 〈續遺〉에는 '槁木'으로 되어 있음.
【定雲水止】'停雲水止'와 같음. 움직이지 않는 구름과 흐름을 멈춘 물. 정적을
　뜻함.
【鳶飛魚躍(연비어약)】《詩經》大雅 旱麓의 구절로 세상 모든 것이 각자 열심히
　움직이는 自若自在의 풍경을 표현한 것임.

023(明前-23) 攻人之惡
남의 악을 공격하되

남의 악을 공격하되 너무 엄하게 하지 말고
이를 수용할 마음 준비가 되도록 하여라.
남에게 선함을 가르치되 너무 높이 하지 말고
가히 따를 수 있게 해 주어라.[561]

> 攻人之惡, 毋太嚴, 要思其堪受;
> 教人以善, 毋過高, 當使其可從.

※《增廣賢文》(509)에「責善勿過高, 當思其可以; 攻惡勿太嚴, 要思其可愛.」라 하였
   으며,《史典》(願體集)에는「攻人之惡毋太嚴, 教人之善毋太高」라 하였다.

024(明前-24) 糞虫至穢
분충糞虫은 지극히 더러운 벌레이지만

분충糞虫은 지극히 더러운 벌레이지만
이것이 변하여 매미가 되어 추풍에 이슬을 마신다.
부초腐草는 아무런 빛이 나지 않지만
이것이 변하여 반딧불이 되어 여름 달 아래 광채를 비춘다.

진실로 깨끗함이란 항상 더러운 것에서 나오며
밝은 것이란 어두운 곳에서 생겨남을 알겠도다.[562]

糞虫至穢, 變爲蟬, 而飮露於秋風;
腐草無光, 化爲螢, 而輝采於夏月.
固知潔常自汚出,
明每從晦生也.

【糞虫(분충)】 '糞蟲'과 같음. 매미의 애벌레. 거름이나 두엄더미처럼 더러운 곳에서 자란다 함.

【腐草(부초)】 개똥벌레. 썩은 두엄더미에서 자란다 함.《禮記》月令篇에 「季夏之月, ……蟋蟀居壁, 鷹乃學習, 腐草爲螢.」이라 함.

※「固知潔常自汚出, 明每從晦生也.」가 〈寶下〉에는 「故知潔常自汚出, 明每從暗生也.」로 되어 있음.

025(明前-25) 矜高倨傲
          긍지가 높아
          거만하고 오만하게 구는 것은

긍지가 높아 거만하고 오만하게 구는 것은 객기客氣 아님이 없다.
객기를 항복시키고 난 이후에야 정기正氣가 바르게 펴진다.
정욕과 생각은 모두가 망심妄心에 속하는 것이다.

망심을 녹여 없애 다한 이후에야 진심眞心이 발현된다.[563]

矜高倨傲, 無非客氣,
降伏得客氣下, 而後正氣伸;
情欲意識, 盡屬妄心,
消殺得妄心盡, 而後眞心現.

【客氣】 지나치게 흥분되거나 과장된 행동 표현을 뜻함. 평상심이 아닌 기운.

※《增廣賢文》(344)에 「情欲意識屬妄心, 消殺得妄心盡, 而後眞心現; 矜高倨傲是
客氣, 降伏得客氣平, 而後正氣調」라 하여 앞뒤 문장이 도치되었다.

026(明前-26) 飽後思味
배부른 뒤에 맛을 생각하면

배부른 뒤에 맛을 생각하면 농담의 경지가 모두 사라진다.
색을 누린 후에 음욕을 생각하면
남녀의 보고 싶은 마음이 모두 끊어지고 만다.
그러므로 사람은 항상 사후에 후회하며 깨우치고,
일에 임하여 치미痴迷를 깨뜨리고 나서야
성품이 안정되어 행동이 바르지 않음이 없게 된다.[564]

飽後思味, 則濃淡之境都消;
色後思婬, 則男女之見盡絶.
　　故人常以事後之悔悟;
　　破臨事之痴迷,
　　則性定而動無不正.

【婬(음)】〈寶下〉에는 '淫'으로 되어 있음.
【痴迷(치미)】백치처럼 미혹함을 뜻함. '癡迷'와 같음.
※「故人常以事後之悔悟」가 〈寶下〉에는「故人當以事後之悔悟」로 되어 있음.

027(明前-27) 居軒冕之中
　　　　　높은 벼슬을 누리는 중에도

높은 벼슬을 누리는 중에도
산림山林의 기미氣味가 없어서는 안 된다.
자연에 묻혀 살지라도
모름지기 조정의 경륜經綸을 품고 있어야 한다.[565]

　　居軒冕之中, 不可無山林的氣味;
　　處林泉之下, 須要懷廊廟的經綸.

【軒冕(헌면)】 헌은 고관 수레의 지붕. 면은 고관의 모자. 높은 벼슬을 상징하는 말로 쓰임.

【山林】 자연, 초야에 묻혀 벼슬하지 않고 은일함을 뜻함. 그 아래의 '林泉'도 같은 뜻임.

【廊廟(낭묘)】 조정. 정치를 하여 顯達하는 곳을 뜻함.

028(明前-28) 處世不必邀功
세상에 살면서
기필코 공을 이루겠다고 하지 말라

세상에 살면서 기필코 공을 이루겠다고 하지 말라.
과실이 없는 것이 곧 공이니라.
남과 함께 하면서 나를 덕스럽다 여기기를 구하지 말라.
원망이 없는 것이 곧 덕이니라.[566]

處世不必邀功,
　無過便是功;
與人不求感德,
　無怨便是德.

〈청오공〉

029(明前-29) 憂勤是美德
근심하고 부지런히 하는 것이 미덕이다

근심하고 부지런히 하는 것이 미덕이다.
지나치게 고생하면 성품과 인성을 편안히 할 수 없다.
담박함이 높은 풍류이다.
너무 메마르게 하면 사람을 구제하고 사람을 이롭게 할 수 없다.[567]

憂勤是美德, 太苦則無以適性怡情;
澹泊是高風, 太枯則無以濟人利物.

【怡情(이정)】 감정과 정서를 편안히 함.

030(明前-30) 事窮勢蹙之人
일이 궁해지고 세력이 위축된 사람은

일이 궁해지고 세력이 위축된 사람은
의당 그 초심으로 돌아가야 하며,
공을 이루고 행동에 만족하는 자는
그 말로末路를 살필 줄 알아야 한다.[568]

事窮勢蹙之人, 當原其初心;

功成行滿之士, 要觀其末路.

031(明前-31) 富貴家宜寬厚
부귀한 집안이라면
의당 관후寬厚해야 함에도

부귀한 집안이라면 의당 관후寬厚해야 함에도
도리어 기각忌刻하다면
이는 부귀하면서 그 행동은 빈천한 것이니
어찌 부귀를 향유할 수 있겠는가?
총명한 사람이라면 의당 거두고 감추어야 함에도
도리어 이를 뽐내고 자랑한다면
이는 총명하면서 우매하고 어리석은 병을 앓고 있는 것이니
어찌 실패하지 않을 수 있겠는가?[569]

富貴家宜寬厚, 而反忌刻.
是富貴而貧賤其行矣, 如何能享?
聰明人宜斂藏, 而反炫耀,
是聰明而愚懵其病矣, 如何不敗?

【寬厚】너그럽고 후덕함.

【忌刻(기각)】아주 각박하게 구는 것. 쌍성어. 〈寶下〉에는 '忌尅(忌克)'으로 표기되어 있음.

【炫耀(현요)】자랑하고 뽐냄.

【愚懜(우몽)】어리석고 몽매함.

※《增廣賢文》(560)에 「富貴家宜寬厚, 而反忌克, 如何能享? 聰明人宜斂藏, 而反炫耀, 如何不敗?」라 하였다.

032(明前-32) 居卑而後
낮은 지위에 살아본 후에야

낮은 지위에 살아본 후에야
높이 오름이 위험한 것임을 알게 되고,
어두운 곳에 처해본 후에야
밝은 곳으로 향함이 너무 드러난다는 것을 알게 되며,
고요함을 지켜낸 후에야
움직임을 좋아함이 지나치게 노고롭다는 것을 알게 되며,
침묵을 길러본 후에야
말 많은 것이 시끄럽다는 것을 알게 된다.[748]

居卑而後, 知登高知爲危;
處晦而後, 知向明之太露;
守靜而後, 知好動之過勞;
養黙而後, 知多言之爲躁.

033(明前-33) 放得功名富貴之心下
　　　　　공명과 부귀에 대한 마음

공명과 부귀에 대한 마음을 풀어내려 놓아야
범속함에서 벗어날 수 있고,
도덕과 인의에 대한 마음을 풀어내려 놓아야
성인의 경지에 들 수 있다.[749]

　　放得功名富貴之心下, 便可脫凡;

　　放得道德仁義之心下, 纔可入聖.

【脫凡】 범속한 경지를 벗어남.
【入聖】 성인의 경지로 들어섬.

034(明前-34) 利欲未盡害心
　　　　　이욕利欲이라고 해서
　　　　　모두 사람의 마음을 해치는 것은 아니다

이욕利欲이라고 해서 모두 사람의 마음을 해치는 것은 아니다.
도리어 의견意見이라는 것이 바로 마음을 해치는 모적蟊賊이다.
성색聲色이라고 해서 모두 도를 막는 장애물은 아니다.
오히려 총명聰明이라는 것이 도를 막는 번병藩屛이다.[750]

利欲未盡害心, 意見乃害心之蟊賊;

聲色未必障道, 聰明乃障道之藩屏.

【蟊賊(모적)】蟊는 蚝와 같으며 '가뢰'라는 벌레로 맹독을 가졌음.
【藩屏(번병)】막아서 들어가지 못하도록 하는 울타리나 병풍.

035(明前-35) 人情反復
　　　세상 사람의 정이란
　　　반복反復되는 것이요

세상 사람의 정이란 반복反復되는 것이요,
세상살이의 길이란 기구한 것이다.
행하되 갈 수 없는 곳에서는
모름지기 한 걸음 물러남의 법을 알아야 하고,
행하되 갈 수 있는 곳에서는
힘써 서 푼쯤 양보하는 공덕을 더 보태주어라.[570]

人情反復,

世路崎嶇.

行不去處, 須知退一步之法;

行得去處, 務加讓三分之功.

【反復】〈寶下〉에는 '反覆'으로 되어 있음. 수시로 뒤집히고 변화가 많음을
뜻함.
【行不去處·行得去處】〈寶下〉에는 '行不去·行得去'로 되어 있음.

036(明前-36) 待小人
소인을 대우하면서

소인을 대우하면서 엄하게 하기가 어려운 것이 아니라
악하지 않게 하기가 어려운 것이다.
군자를 대우하면서 공경스럽게 하기가 어려운 것이 아니라
예를 갖추어 하기가 어려운 것이다.[571]

待小人, 不難於嚴, 而難於不惡;

待君子, 不難於恭, 而難於有禮.

037(明前-37) 寧守渾噩
차라리 혼악渾噩함을 지키며

차라리 혼악渾噩함을 지키며 총명함을 물리치라.
그리하여 약간의 정기를 남겨두어 이를 천지에 돌려주라.

차라리 분화紛華함을 사그러뜨리고 담박함을 달게 여겨라.
그리하여 얼마의 청명淸名을 남겨두어
이를 건곤乾坤이 지니고 있도록 하라.[572]

寧守渾噩而黜聰明, 留些正氣還天地;
寧謝紛華而甘澹泊, 遺個淸名在乾坤.

【渾噩(혼악)】 인간의 天眞樸實한 본성.
【乾坤】 하늘과 땅의 다른 이름.

038(明前-38) 降魔者
　　　　마귀를 항복시키려는 자는

마귀를 항복시키려는 자는 먼저 자신의 마음을 항복시켜야 한다.
마음이 항복하면 여러 마귀가 물러나 내 뜻을 들어준다.
횡액을 다스리려는 자는 먼저 자신의 기氣를 다스려야 한다.
기가 평온해지면 외부의 횡액이 침범하지 못한다.[573]

降魔者, 先降自心, 心伏則群魔退聽;
馭橫者, 先馭此氣, 氣平則外橫不侵.

【橫】 횡액.
【先馭此氣(선어차기)】〈寶下〉에는 '先馭其氣'로 되어 있음.

039(明前-39) 敎弟子如養閨女
제자弟子를 가르치는 것은

제자弟子를 가르치는 것은 안방 깊이 있는 딸을 기르는 것과 같다.
그 출입을 엄히 하고 친구 사귐을 조심하도록 해야 한다.
만약 한 번 그릇된 사람과 가까이 하게 되면
이는 깨끗한 밭에 더러운 씨앗 하나를 뿌리는 것과 같아,
곧 종신토록 좋은 곡식을 심기 어렵게 됨과 같다.[574]

敎弟子如養閨女,
　最要嚴出入,
　　謹交遊.
　若一接近匪人,
是淸淨田中, 下一不淨種子,
　便終身難植嘉禾矣.

〈팽조〉

【敎子弟】〈寶下〉에는 '養子弟'로, 乾隆本에는 '養弟子'로 되어 있음.
【嘉禾(가화)】 인간에게 중요한 오곡 등의 좋은 식물. 〈寶下〉에는 '嘉苗'로 되어 있음.

040(明前-40) 欲路上事
욕심의 길에 매달리다가

욕심의 길에 매달리다가
그 편리함을 즐기느라 잠시라도 손가락이 물드는 일이 없도록 하라.
한 번 손가락이 물들면 곧 만 길 깊이로 빠져들고 만다.
이치의 길에 매달리다가
그 어려움을 꺼리느라 조금이라도 퇴보가 있는 일이 없도록 하라.
한 번 퇴보하면 그 멀어지기가 천 개의 산을 격한 것이 되느니라.[575]

欲路上事,
毋樂其便而姑爲染指.
一染指便深入萬仞;
理路上事,
毋憚其難而稍爲退步.
一退步便遠隔千山.

〈철괴선생〉

【染指(염지)】 좋은 음식을 맛보고자 손가락을 솥에 집어넣어 더럽힘.《左傳》
宣公 4년에 「楚人獻黿于鄭靈公. 公子宋與子家將見, 子公之食指動, 以示子家,
曰:"他日我如此, 必嘗異味."……及食大夫黿, 召子公而不與也. 子公怒, 染指
于鼎, 嘗之而出.」이라 하였다.

※《增廣賢文》(311)에 「人欲從初起時剪除, 如斬新芻, 工夫極易, 若樂其便, 而姑爲
染指, 則深入萬仞; 天理自乍見時充拓, 如磨塵鏡, 光彩漸增, 若憚其難, 而稍爲
退步, 便遠隔千山」이라 하여 오히려 본《菜根譚》보다 문장이 길고 자세하다.

041(明前-41) 念頭濃者
　　　　　생각이 짙은 자는

생각이 짙은 자는 스스로를 대함이 두텁고
남을 대함도 역시 두터워, 곳곳이 모두가 짙다.
그러나 생각이 담백한 자는 스스로를 대함이 엷고
남을 대함도 역시 엷어, 일마다 모두가 담백하다.
그러므로 군자는 일상생활의 기호嗜好에 대하여,
너무 지나치게 농염하게 굴어서도 안 되며,
역시 너무 고적枯寂하게 굴어서도 안 된다.[576]

　　念頭濃者自待厚,
　　　　　待人亦厚, 處處皆濃;
　　念頭淡者自待薄,
　　　　　待人亦薄, 事事皆淡.
　　故君子居常嗜好:
　　　　不可太濃艷;
　　　　亦不宜太枯寂.

【處處皆濃·事事皆淡】〈寶下〉에는 '處處皆厚·事事皆薄'으로 되어 있음.
【枯寂】메말라 적적함.

042(明前-42) 彼富我仁
저 사람이 부유함을 내세울 때

저 사람이 부유함을 내세울 때 나는 어짊을 내세울 수 있어야 하고,
저 사람이 관직을 내세울 때 나는 의義를 내세울 수 있어야 한다.
군자는 진실로 임금이나 재상에게 농락당하거나 구속당해서는 안 된다.
사람이 정한 일은 하늘보다 나으며,
뜻이 한결같으면 기氣를 움직인다.
군자는 역시 조물의 도야나 주물 틀陶鑄을 받지 않는다.[577]

彼富我仁, 彼爵我義, 君子固不爲君相所牢籠;
人定勝天, 志一動氣, 君子亦不受造物之陶鑄.

【牢籠(뇌롱)】 우리나 새장 따위처럼 갇혀 부림을 받음을 뜻함.
【陶鑄(도주)】 그릇을 굽는 일과 쇠를 鑄物하는 일. 사람을 변화시킴을 뜻함.

043(明前-43) 風恬浪靜中
바람 고요하고 물결 조용한 가운데에

바람 고요하고 물결 조용한 가운데에 인생의 진경眞境을 보고,
맛이 담담하고 소리가 희미한 곳에서 심체의 본연을 보도다.[814]

風恬浪靜中, 見人生之眞境;
味淡聲希處, 識心體之本然.

※ 국내 번역본에는 모두 본장을 전편의 맨 끝 부분(225)에 옮겨놓았으나 〈明刻本〉
에는 현 위치에 있음. 한편 '希處'는 〈續遺〉에는 '稀處'로 되어 있음.

044(明前-44) 立身不高一步立
　　　　　몸을 세우되
　　　　　한 걸음 높이를 더하여 세우지 않는다면

몸을 세우되 한 걸음 높이를 더하여 세우지 않는다면,
이는 티끌 속에 옷을 터는 것과 같고
진흙 속에 발을 씻는 것과 같으니
어찌 초월할 수 있겠는가?
처세에 한 발 물러서지 않는다면,
이는 마치 부나비가 불로 뛰어드는 것과 같고
양이 울타리에 그 뿔이 걸리는 것과 같으니
어찌 안락할 수 있겠는가?[578]

立身不高一步立, 如塵裡振衣, 泥中濯足, 如何超達?
處世不退一步處, 如飛蛾投燭, 羝羊觸藩, 如何安樂?

【羝羊觸藩(저양촉번)】《周易》大壯卦에 실려 있다. 양의 뿔이 울타리에 걸려 꼼짝하지 못함을 비유함.

045(明前-45) 學者, 要收拾精神
배우는 자는 정신을 수습하고

배우는 자는 정신을 수습하고
한 길을 귀착점으로 삼아야 한다.
만약 덕을 닦는다면서 일의 성공이나 이름의 명예에 뜻을 둔다면
틀림없이 실질의 진전이 없게 될 것이다.
독서를 하면서 풍아風雅를 음영하는 데에만 흥을 둔다면
결코 그 마음을 깊게 수양할 수 없게 될 것이다.[579]

學者, 要收拾精神, 倂歸一路,
如修德而留意於事功名譽, 必無實詣.
讀書而寄興於吟咏風雅, 定不深心.

【倂歸一路·必無實詣】〈寶下〉에는 '幷歸一處·必無實誼'로 되어 있음.
【吟咏風雅】고매한 원리보다는 즐기고 흥을 돋우기 위하여 독서함을 뜻함.

※《增廣賢文》(584)에 「讀書而寄興于吟咏風雅, 定不深心; 修德而留意於名譽事功, 心無實證.」이라 하였다.

046(明前-46) 人人有個大慈悲
사람마다 모두 큰 자비의 마음을 가지고 있어야 한다

사람마다 모두 큰 자비의 마음을 가지고 있어야 한다.
유마維摩나 도회屠劊도 두 마음을 갖지 않았다.
가는 곳마다 참된 취미를 심어라.
금옥金屋이나 모첨茅簷도 서로 다른 곳이 아니다.
단지 욕심에 덮이고 정욕에 봉쇄되어
얼굴을 마주하고도 과오를 저지른다면
이는 지척咫尺을 천리처럼 멀게 하는 것이다.[580]

人人有個大慈悲, 維摩屠劊無二心也;

處處有種眞趣味, 金屋茅簷非兩地也.

只是欲蔽情封,

當面錯過,

使咫尺千里矣.

【維摩】 維摩居士. 인도의 大德居士로 출가하지 않고 수행하여 도를 터득한 인물.
【屠劊(도회)】 도살자나 망나니(죄인의 목을 베는 사람). 劊는 본음은 '괴'이다.
【金屋】 좋은 집. 부귀영화를 뜻함.
【茅簷(모첨)】 띠 풀로 이은 집. 빈한한 자를 뜻함. 〈寶下〉에는 '茅檐'으로 되어 있음.
【欲蔽情封(욕폐정봉)】 〈寶下〉에는 '欲閉情封'으로 되어 있음.

047(明前-47) 進德修道
덕에 나가고 도를 닦음에는

덕에 나가고 도를 닦음에는
목석木石 같은 마음을 가져야 한다.
만약 한결같이 기뻐하고 부러워하기만 한다면
곧바로 욕심의 경내로 달려가게 된다.
세상을 구제하고 나라를 경영함에는
운수雲水와 같은 취미를 가져야 한다.
만약 하나라도 탐욕에 집착하면
곧 위험의 덫으로 추락하고 만다.[581]

〈황야인〉

進德修道, 要個木石的念頭.
若一有欣羨, 便趨欲境;
濟世經邦, 要段雲水的趣味.
若一有貪着, 便墮危機.

【進德修道】'進德修業'이라고도 하며《周易》乾卦 文言傳에「君子進德脩業」
　　이라 하였다. 〈寶下〉에는 '進德修行'으로 되어 있음.
【濟世經邦】'經濟'의 뜻과 같다.《周禮》天官 大宰에「以經邦國」이라 하였다.
【雲水】원래 탁발승을 가리키는 말로서 걸림이 없이 유유자적함을 뜻하였다.

※《增廣賢文》(194)에「進德修業, 要個木石的念頭, 若稍涉矜夸, 便趨欲境; 濟世
　　經邦, 要段雲水的趣味, 若一有貪戀, 便墮危機.」라 하였다.

048(明前-48) 吉人
길인吉人은

길인吉人은 작용이 안상安祥함은 물론이려니와
꿈 속의 정신과 혼백조차도 온화한 기운이 아님이 없다.
흉인凶人은 행사가 낭려狼戾함은 물론이려니와
목소리와 웃음소리조차도 온통 살기殺機의 기틀이다.[751]

吉人無論作用安祥,
　　　卽夢寐神魂, 無非和氣;
凶人無論行事狼戾,
　　　卽聲音咲語, 渾是殺機.

【安祥】安詳과 같음. 편안하고 자상하게 대해줌. 〈續遺〉에는 '安詳'으로 되어
있음.
【狼戾(낭려)】지독함. 흉악함. 사나움. 쌍성어.
【咲語(소어)】咲는 笑와 같음. 〈續遺〉에는 '笑貌'로 되어 있음.
【殺機】죽이는 기틀.

※ 淸 金纓의 《格言聯璧》悖凶類(595)에는 「吉人無論處世平和, 卽夢寐神魂, 無非
生意; 凶人不但作事悖戾, 卽聲音笑貌, 渾是殺機」라 하였음.

049(明前-49) 肝受病
간에 병이 생기면

간에 병이 생기면 눈에 영향을 주어 볼 수 없게 되고,
콩팥에 병이 생기면 귀가 영향을 받아 들을 수 없게 된다.
병은 사람이 볼 수 없는 곳에 들었지만
그 발현됨은 사람이 누구나 알 수 있는 곳에 나타난다.
그러므로 군자로서 밝은 곳에 죄가 나타나지 않기를 바란다면,
먼저 어두운 곳에서 죄를 짓는 일이 없도록 하여야 한다.[582]

肝受病, 則目不能視;
腎受病, 則耳不能聽.
　　病受於人所不見;
　　必發於人所共見.
　　故君子欲無得罪於昭昭;
　　先無得罪於冥冥.

050(明前-50) 福莫福於少事
복은 일을 적게 하는 것보다 더 큰 복은 없고

복은 일을 적게 하는 것보다 더 큰 복은 없고,
재앙은 마음 복잡한 것보다 더한 재앙이 없다.

일을 괴로워하는 자는
바야흐로 일을 줄이는 것이 복이 됨을 알게 되고,
마음을 평안히 갖는 자는
비로소 마음을 많은 갈래로 갖는 것이 재앙이 됨을 알게 된다.[583]

福莫福於少事,
　禍莫禍於多心.
唯苦事者, 方知少事之爲福;
唯平心者, 始知多心之爲禍.

【唯苦事者】〈寶下〉에는 '惟省事者'로 되어 있음.

〈이팔백〉

051(明前-51) 處治世宜方
치세治世에 처함에는

치세治世에 처함에는 방정하게 하고,
난세亂世에 처함에는 원만하게 하라.
숙계叔季의 세상에는 방정함과 원만함을 병용하라.
선인을 대함에는 관대히 하고, 악인을 대함에는 엄하게 하라.
평상의 무리를 대함에는
관대함과 엄함으로 보호하고 존속시켜라.[584]

處治世宜方, 處亂世宜圓;
處叔季之世, 當方圓並用.
待善人宜寬, 待惡人宜嚴;
待庸衆之人, 當寬嚴護存.

【叔季】치세도 말세도 아닌 중간 세상.
【庸衆之人】일상 생활에 떳떳한 무리의 보통 사람.
【當寬嚴護存】〈寶下〉에는 '宜寬嚴互存'으로 되어 있음.

052(明前-52) 我有功於人不可念
내가 남에게 공을 베풀었거든

내가 남에게 공을 베풀었거든 이를 생각하지 말라.
그러나 남에게 과실이 있다면 염두에 두지 아니하면 안 된다.
남이 나에게 은혜를 베풀었거든 이를 잊지 말라.
그러나 남이 나에게 원망을 심었거든 잊지 아니하면 안 된다.[585]

我有功於人不可念, 而過則不可不念;
人有恩於我不可忘, 而怨則不可不忘.

053(明前-53) 施恩者
은혜를 베푼 자가

은혜를 베푼 자가,
안으로는 자신을 보지 않고 밖으로 남을 보지 않는다면
한 말의 곡식도 만종萬鍾의 은혜에 해당하리라.
만물을 이롭게 한 자가
자신의 베풂을 계산하고 남에게 보답을 요구한다면
비록 백일百鎰만큼의 많은 베풂이 있었다 해도
한 푼어치의 공도 이루기 어렵다.[752]

施恩者,
內不見己, 外不見人,
卽斗粟可當萬鍾之惠;
利物者,
計己之施, 責人之報,
雖百鎰難成一文之功.

〈정령위〉

【斗粟(두속)】한 말 정도의 적은 곡식으로 베푼 은혜.
【萬鍾】많은 양의 봉록. 鍾은 곡식을 셈하는 들이의 단위. 일종은 六斛四斗라 함.
【百鎰】鎰(일)은 금 등의 무게를 다는 단위.

054(明前-54) 人之際遇
사람으로 살면서 복 받은 경우도 있고

사람으로 살면서
복받은 경우도 있고 복받지 못한 경우도 있다.
그런데 어찌 능히 나만 홀로 그렇게 복받게 해달라고 할 수 있겠는가?
자신의 정리란
순리로 일을 처리하는 경우도 있고 순리롭지 못하게 처리하는 경우도 있다.
그런데 어찌 능히 남에게만 나를 순리롭게 대해주기를 요구할 수 있겠는가?
이로써 서로 상대적으로 보아 처리하면
이것 역시 하나의 방편으로서의 법문法門이니라.[753]

人之際遇,
有齊有不齊,
而能使己獨齊乎?
己之情理,
有順有不順,
而能使人皆順乎?
以此相觀對治,
亦是一方便法門.

〈윤희〉

【齊】평등함. 나란함. 같음.

055(明前-55) 心地乾淨
심지心地가 깨끗하여야

심지心地가 깨끗하여야 바야흐로 독서하여 옛것을 배울 수 있다.
그렇지 않으면 하나의 선행을 보고도
몰래 이를 훔쳐 사리사욕에 이용하고,
하나의 착한 말을 들으면
이를 가장하여 자신의 단점을 은폐하는 데 쓰게 된다.
이 또한 도적의 병사를 빌려오는 것이요,
도적에게 양식을 갖다 주는 짓이니라.[586]

心地乾淨, 方可讀書學古.
不然, 見一善行, 竊以濟私;
聞一善言, 假以覆短.
是又藉寇兵,
而齎盜粮矣.

【乾淨】 '깨끗하다'의 백화어.
【藉寇兵】《史記》商君列傳에「此所謂藉寇兵而齎盜糧者也.」라 함.

056(明前-56) 奢者富而不足
사치를 부리는 자는

사치를 부리는 자는 부유해도 부족하다 여기니
어찌 검소한 자가 가난하면서도 여유가 있음만 하겠는가?
능한 자는 힘들게 일하면서도 원망을 창고에 쌓으니
어찌 졸拙한 자가 스스로 편안히 여기면서
자신의 진솔함을 온전히 지킴만 하겠는가?[587]

> 奢者富而不足, 何如儉者貧而有餘?
> 能者勞而府怨, 何如拙者逸而全眞?

【府怨】 원망을 쌓음. 그러나 〈寶下〉에는 '俯怨'으로 되어 있음.
【全眞】 진솔함을 온전히 지킴.

057(明前-57) 讀書不見聖賢
독서를 하면서 성현을 발견하지 못하면

독서를 하면서 성현을 발견하지 못하면
이는 글씨나 베껴주는 심부름꾼에 불과한 것이다.
관직에 거하면서 백성을 자식처럼 사랑하지 않는다면
이는 도적에게 의관을 입힌 것이다.

강학講學하면서 몸소 실천함을 숭상하지 않는다면
이는 구두선口頭禪에 불과한 것이다.
업적을 세움에 덕을 심기를 생각하지 않는다면
이는 금방 사라질 눈앞의 꽃이 되고 마는 것이다.[588]

> 讀書不見聖賢, 爲鉛槧傭;
> 居官不愛子民, 爲衣冠盜;
> 講學不尚躬行, 爲口頭禪;
> 立業不思種德, 爲眼前花.

【鉛槧傭(연참용)】 고대에 자른 나무 면에 납으로 글씨를 썼으며 이 일을 담당
하여 글의 뜻은 모른 채 그저 글씨를 베끼는 행위만 하는 자를 뜻함.

【口頭禪(구두선)】 입으로만 선을 외움. 형식적으로 성의 없이 일을 처리함을
뜻함. 원래 불교 용어임.

※《增廣賢文》(365)에「講學不尚躬行, 爲口頭禪; 立業不思種德, 如眼前花.」라
   하였다. 이 구절은 淸 唐訓方의《里語徵實》(卷中下)에 董思白의 말로 실려
   있다.

058(明前-58) 人心有一部眞文章
사람 마음에 하나의 참된 문장이 있다 해도

사람 마음에 하나의 참된 문장이 있다 해도
모두가 잔편단간殘編斷簡의 봉고封錮가 되고 만다.

사람 마음에 하나의 참된 음악이 있다 해도
모두가 요가염무妖歌艷舞에 인몰湮沒되고 만다.
학자는 모름지기 외물外物을 쓸어 없애고,
곧게 본래의 진리를 찾아야
비로소 진실로 올바르게 수용受用함을 얻게 되는 것이다.[589]

人心有一部眞文章, 都被殘編斷簡封錮了;

有一部眞鼓吹, 都被妖歌艷舞湮沒了.

學者, 須掃除外物,

直覓本來,

纔有固眞受用.

【一部眞文狀·一部眞鼓吹】〈寶下〉에는 모두 '一'자가 빠져 있음.
【殘編斷簡(잔편단간)】 잔멸된 책과 중간이 끊어진 간독.
【封錮(봉고)】 봉쇄되어 막힘. 〈寶下〉에는 '封固'로 되어 있음.
【妖歌艷舞(요가염무)】 요염한 노래와 춤.
【湮沒(인몰)】 湮滅되어 사라짐.

059(明前-59) 苦心中
고심하는 중에서

고심하는 중에서
언제나 마음을 즐겁게 하는 취향을 얻도록 하라.

득의한 때에는
문득 실의한 슬픔이 생길 수 있음을 생각하라.[590]

苦心中, 常得悅心之趣;
得意時, 便生失意之悲.

<苦心中>句 丘堂 呂元九(현대)

060(明前-60) 富貴名譽
부귀와 명예는

부귀와 명예는,
도덕으로부터 온 것이니 산림 속의 꽃과 같아서,
저절로 편안히 펴지면서 느리지만 번성하여 뻗어나간다.
공과 업적으로부터 온 것은 마치 화분의 꽃과 같아서,
문득 옮기면 그만 시들어 죽고 만다.
만약 권력으로 얻어진 것이라면 마치 꽃병에 꽂힌 꽃과 같아서,
그 뿌리가 없으니 시듦은 가히 서서 기다려도 될 정도로 짧다.[591]

富貴名譽:
　　自道德來者, 如山林中花. 自是舒徐繁衍.
　　自功業來者, 如盆檻中花. 便有遷徙廢興.
　　若以權力得者, 如瓶鉢中花.
　　　其根不植, 其萎可立而待矣.

【瓶鉢】꽃병 따위로 꽃을 꽂아둔 그릇.
【萎】시들어 위축됨.

061(明前-61) 春至時和
봄이 이르러 시절이 화창하면

봄이 이르러 시절이 화창하면 꽃은 좋은 색깔을 펼쳐 보이고,
새는 노래하며 좋은 소리를 낸다.
사군자士君子로서 다행히 여러 사람 앞에 두각을 나타내게 되었고
게다가 좋은 옷에 배불리 먹을 수 있는 행운을 얻었는데도
좋은 말을 세우고 훌륭한 일을 행할 생각을 하지 않는다면,
비록 이 세상에 백년을 누린다 해도
미처 하루도 살지 못한 것과 흡사하리라.[593]

春至時和, 花尙鋪一段好色;
　鳥且囀幾句好音.
　　士君子幸列頭角,
　　　　復遇溫飽,
　　不思立好言行好事,
　　　　雖是在世百年,
　　　恰似未生一日.

〈유월〉

【士君子】선비와 군자. 毅力으로 자신의 행동을 바르게 가지려는 뜻을 품은 자.

062(明前-62) 學者
배우는 자는

배우는 자는
하나의 업業에 열심을 다하는 마음을 가져야 하고,
그러면서도 또한 하나의 소쇄瀟洒한 일취와 풍미를 가져야 한다.
만약 하나의 맛만을 고집하여 청고淸苦로써 오므리고만 있다면
이는 추살秋殺의 기운만 있고 춘생春生의 혜택은 없는 것이니,
어찌 만물을 발육시킬 수 있겠는가?[594]

學者:
　　要有段兢業的心思;
　　又要有段瀟洒的趣味.
　　　若一味斂束淸苦,
　　　是有秋殺無春生,
　　　　何以發育萬物?

〈귀곡자〉

【瀟洒(소쇄)】 시원하고 깨끗함. 瀟灑와 같음. 쌍성어.
【淸苦】 맑음을 괴롭도록 고집함.
【秋殺】 가을의 서늘한 기운이 만물을 말라 죽임을 이르는 말. 추형(秋刑).
【春生】 봄에는 모든 것이 살아남을 뜻함.

063(明前-63) 眞廉無廉名
참된 청렴함이란
청렴함의 이름조차 없는 것이니

참된 청렴함이란 청렴함의 이름조차 없는 것이니,
이름을 세운다는 것은 바로 탐욕을 짓는 것이다.
큰 교묘함은 공교한 기술이 없는 것이니
기술을 사용한다는 것은 바로 졸렬한 짓을 하는 것이다.[595]

眞廉無廉名, 立名者, 正所以爲貪;

大巧無巧術, 用術者, 乃所以爲拙.

064(明前-64) 欹器以滿覆
의기欹器라는 그릇은

의기欹器라는 그릇은 가득 차면 엎어지며,
박만撲滿은 속이 비어야 완전한 것이 된다.
그러므로 군자는 차라리 없는 것에 처할지언정 있음에 처하지 아니하며,
차라리 결한 것에 처할지언정 완전한 것에 처하지는 않는다.[757]

欹器以滿覆,

撲滿以空全.

故君子寧居無不居有;

寧處缺不處完.

【欹器(의기)】 座右銘의 고사를 남긴 그릇.《荀子》宥坐篇과《說苑》敬愼篇,
《孔子家語》三恕篇 등에 널리 실려 있는 고사로 공자가 주나라에 이르러
의기라는 그릇을 보았는데 가득 채우면 쓰러지고 비우면 바르게 서는 그릇
이라 하여 지도자가 宥坐로 삼는다 하였음.

【撲滿(박만)】 아이들이 돈을 모으는 벙어리 저금통. 돈이 가득 차면 이를
깨어야 꺼낼 수 있기 때문에 비어 있을 때가 오히려 온전한 것이라는 뜻.
《西京雜記》권5에 "撲滿者, 以土爲器, 以蓄錢具, 其有入竅而無出竅, 滿則撲之.
土, 粗物也; 錢, 重貨也. 入而不出, 積而不散, 故撲之. 土有聚斂而不能散者,
將有撲滿之敗, 可不誡歟!"라 하였음.

065(明前-65) 名根未拔者
명예의 뿌리를 아직 뽑아버리지 못한 자

명예의 뿌리를 아직 뽑아버리지 못한 자는
비록 천승千乘의 부귀를 가벼이 여기고 표주박의 음식을 달게 여길지라도
결국 티끌 세상에 추락한 것이요,
객기客氣를 아직 녹여 없애지 못한 자는
비록 사해四海에 덕택을 주고 만세를 이롭게 한다 할지라도
마침내 그것은 찌꺼기 재주에 불과한 것일 뿐이다.[758]

名根未拔者, 縱輕千乘甘一瓢, 總墮塵情;
客氣未融者, 雖澤四海利萬世, 終爲剩技.

【千乘】乘은 네 말이 끄는 수레로 흔히 옛날 나라의 규모를 말할 때 百乘,
千乘, 萬乘으로 불렀음.
【剩技(잉기)】나머지 기술. 하찮은 재능이나 재주를 뜻함.

066(明前-66) 心體光明
마음과 몸이 광명光明한 자

마음과 몸이 광명光明한 자는
어두운 방안에 있어도 푸른 하늘을 가지고 있는 것이요,
마음 속에 암매暗昧함이 있는 자는
밝은 햇빛 아래에서도 무서운 귀신이 나타난다.[596]

心體光明, 暗室中有靑天;
念頭暗昧, 白日下生厲鬼.

【厲鬼(여귀)】지독한 귀신. 유령.

067(明前-67) 人知名位爲樂

명예와 직위가 즐겁다는 것만 알 뿐

사람들은 명예와 직위가 즐겁다는 것만 알 뿐,
이름도 직위도 없는 것이 가장 최고의 참된 것임을 알지 못한다.
사람들은 주림과 추위의 근심만 알 뿐,
주리지도 않고 춥지도 않은 근심이
더욱 심한 근심임을 알지 못한다.[597]

人知名位爲樂,
不知無名無位之樂爲最眞;
人知饑寒爲憂,
不知不饑不寒之憂爲更甚.

068(明前-68) 爲惡而畏人知

악을 지으면서 남이 알까 두려워한다면

악을 지으면서 남이 알까 두려워한다면
그 악 속에는 그래도 착한 길이 있다.
선을 지으면서 남이 얼른 알아주기를 바란다면
그 선을 짓는 곳이 바로 악의 뿌리가 나는 곳이다.[598]

爲惡而畏人知, 惡中猶有善路;
爲善而急人知, 善處卽是惡根.

※《增廣賢文》(133)에「爲惡畏人知, 惡中猶有善路; 爲善急人知, 善處卽是惡根」
이라 하였다.

069(明前-69) 天之機緘不測
하늘의 기함機緘은

하늘의 기함機緘은 헤아릴 길이 없어
억눌렀다가 펴고 폈다가 억누른다.
이는 모두가 영웅을 파농播弄하고 호걸을 전도顚倒하는 하늘의 방법이다.
군자는 역경이 오면 이를 순경으로 받아들이고,
편안함에 거하면 위험할 때를 생각하니
하늘도 역시 그에게 기량伎倆을 써 볼 수가 없다.[599]

天之機緘不測, 抑而伸, 伸而抑.
皆是播弄英雄, 顚倒豪傑處.
君子只是逆來順受, 居安思危,
天亦無所用其伎倆矣.

【機緘(기함)】기는 하늘의 기밀, 함은 이를 감추어 쉽게 알 수 없도록 하는 것. 여기서는 하늘의 오묘한 이치를 뜻함.

【播弄(파농)】'장난감처럼 가지고 놀다'의 뜻.

【顚倒(전도)】뒤집어 엎음.

070(明前-70) 燥性者火熾
성격이 불같은 자

성격이 불같은 자는 화기가 치열하여 사물을 만나면 불태운다.
은혜가 적은 자는 얼음처럼 차가워 물건을 만나면 반드시 죽게 한다.
꽉 막혀 고집이 센 자는
마치 죽은 물이나 썩은 나무와 같아,
생기生機가 끊어진다.
모두가 공과 업적을 세워도
그 복을 길게 이어가기 어려운 경우이다.[759]

燥性者火熾, 遇物則焚;
寡恩者氷淸, 逢物必殺.
凝滯固執者,
　如死水腐木, 生機已絶,
　俱難建功業, 而延福祉.

〈마성자〉

【生機】살려내는 오묘한 기밀이나 기능.

071(明前-71) 福不可徼

복이란 구한다고 얻을 수 있는 것이 아니니

복이란 구한다고 얻을 수 있는 것이 아니니
기쁜 정신을 수양함을 복을 부르는 근본으로 여기면 될 뿐이다.
재앙이란 가히 피한다고 되는 것이 아니니
살기殺機를 제거함을 재앙을 멀리하는 방법이라 여기면 될 뿐이다.[600]

福不可徼, 養喜神, 以爲召福之本而已;
禍不可避, 去殺機, 以爲遠禍之方而已.

【徼(요)】 '요구하다, 맞이하다'의 뜻. 〈寶下〉에는 '邀'로 되어 있음.
【而已】 〈寶下〉에는 위 아래 두 곳의 '而已'가 없음.
【殺機】 산 것을 죽게 하는 기능, 기밀.
※《增廣賢文》(377)에 「福不可邀, 養喜神以爲招福之本; 禍不可避, 去殺機以爲遠禍之方.」이라 하였다.

072(明前-72) 十語九中

열 마디 말에 아홉 마디가 맞아도

열 마디 말에 아홉 마디가 맞아도 아직 기이하다고 하지 말라.
한 마디가 맞지 않아도 허물은 무리지어 모여들고 만다.

열 가지 모책 중에 아홉 가지가 성공했어도 아직 공이라 하지 말라.
한 가지 모책만 성공하지 못해도 헐뜯는 논의가 무리지어 일어난다.
군자로서 차라리 침묵할지언정 시끄럽게 하지 않으며,
차라리 졸렬할지언정 공교하게 하지 않는 까닭이다.[601]

〈백석생〉

十語九中, 未必稱奇.
一語不中, 則愆尤駢集;
十謀九成, 未必歸功.
一謀不成, 則訾議叢興.
君子所以寧黙毋躁, 寧拙毋巧.

【愆尤(건우)】 허물로 여기며 탓함. 〈實下〉에는 '衍尤'로 되어 있음.
【訾議(자의)】 남을 헐뜯어 비방하는 논의.

073(明前-73) 天地之氣
천지의 기는

천지의 기는 온화하면 살려내고 추워지면 죽인다.
그러므로 성품과 기운이 차가운 자는 받아 누리는 것도 역시 차고 엷다.
오직 온화한 기운에 열심을 다하는 사람만이 그 복도 두텁고,
그 혜택도 길게 이어진다.[602]

天地之氣, 暖則生, 寒則殺.
　故性氣淸冷者, 受享亦凉薄.
　唯和氣熱心之人, 其福亦厚, 其澤亦長.

【和氣熱心之人】〈寶下〉에는 '氣和心曖之人'으로 되어 있음.

074(明前-74) 天理路上甚寬
하늘의 이치라는 길은 심히 넓어

하늘의 이치라는 길은 심히 넓어 겨우 마음만 놀게 해도
가슴이 문득 광대하고 굉랑宏朗함을 느낀다.
사람 욕심이라는 길은 심히 좁아서 겨우 그 흔적만 남겨도
눈앞의 모든 것이 가시와 진흙투성이가 되고 만다.[603]

天理路上甚寬, 稍游心,
　胸中便覺廣大宏朗;
人欲路上甚窄, 纔寄迹,
　眼前俱是荊棘泥塗.

〈한상자〉

【宏朗(굉랑)】넓고 밝음.

075(明前-75) 一苦一樂
고통과 즐거움이

고통과 즐거움이 엎치락뒤치락 하는 속에 서로 부비고 연마하여
그 연마함이 극에 이르러 복을 이룬 자는
그 복이 그제야 장구해지기 시작한다.
의심과 믿음이 오락가락하는 속에 참작하고 헤아려
그 감안함이 극에 이르러 지혜를 이룬 자는
그 지혜가 그제야 진실되기 시작한다.[604]

一苦一樂, 相磨練, 練極而成福者, 其福始久;
一疑一信, 相參勘, 勘極而成知者, 其知始眞.

【磨練】숫돌로 갈고 불로 단련시킴. 〈寶下〉에는 '磨煉'으로 되어 있음.
【參勘】참작하여 자세히 헤아림.

076(明前-76) 心不可不虛
마음은 비우지 않으면 안 되나니

마음은 비우지 않으면 안 되나니,
비우고 나면 의리가 찾아와 깃들게 되리라.

마음은 채우지 않으면 안 되나니,
채워놓고 나면 물욕이 끼어들지 못하리라.[760]

心不可不虛, 虛則義理來居;
心不可不實, 實則物欲不入.

077(明前-77) 地之穢者
땅이 질퍽한 곳에
식물은 많이 자라나고

땅이 질퍽한 곳에 식물은 많이 자라나고,
물이 맑은 곳에는 언제나 고기가 없다.
그러므로 군자는 마땅히 때묻은 것도 머금고
더러운 것도 용납할 수 있어야 하느니라.
고결함을 즐기며 홀로 옳다고 행동하는
지조를 고집해서는 안 되느니라.[605]

地之穢者, 多生物;
水之清者, 常無魚.
故君子當存含姤納汚之量;
不可持好潔獨行之操.

【含妬納汚(함구납오)】 때가 묻고 더러운 것도 머금고 용납함. 妬는 垢와 같음.
〈寶下〉에는 '含垢納汚'로 되어 있음.
【好潔獨行】 깨끗하게 굴며 자신만 독선적으로 행동함.

078(明前-78) 泛駕之馬
수레를 엎을 만한 말일지라도

수레를 엎을 만한 말일지라도 부릴 수 있으며,
제멋대로 튀어나오는 쇳덩이도 끝내는 주물의 틀로 돌아가 연장이 된다.
단지 한결같이 머뭇거리기만 하면서 분발하지 못하는 경우에는
마침내 그 자신에게 아무런 진보가 없다.
백사白沙 진헌장陳獻章은 이렇게 말하였다.
"사람이 되어 몸에 병이 많은 것은 부끄러울 것이 없다.
일생 마음의 병고민이 없는 것이 내 근심거리이다."
진실로 명확한 논리로다.[606]

泛駕之馬, 可就馳驅;

躍冶之金, 終歸型範.

只一優游不振, 便終身無個進步.

白沙云:「爲人多病未足羞,

一生無病是吾憂.」

眞確論也.

【泛駕之馬】泛駕는 覆駕와 같다. 수레를 엎을 만큼 난폭한 말을 뜻한다.

【躍冶之金】躍冶는 《莊子》 大宗師편에 "今之大冶鑄金, 金踊躍曰 『我且必爲
鎭鋣』, 大冶必以爲不祥之金. 今一犯人之形, 而曰 『人耳人耳』, 夫造化者必以爲
不祥之人. 今一以天地爲大鑪, 以造化爲大冶, 惡乎往而不可哉! 成然寐, 蘧然覺."
라 하여 용광로에서 튀어나오는 거만한 쇠라는 뜻.

【型範】 형태를 만들어내는 주물의 틀.

【優游不振】 우유부단하여 떨치지 못하는 상태.

【白沙】 明나라 때의 대표적인 性理學者 陳獻章(1428~1500). 자는 公甫, 당호는
石齋. 新會 白沙里에 은거하여 白沙先生이라 불렸음. 相對的 心一元論을
주장하였으며 《白沙子集》을 남김.

【眞確論也】〈寶下〉에는 '眞確實論也'로 되어 있음.

079(明前-79) 人只一念貪私
사람이 단지
사사로운 탐욕으로 일념을 삼으면

사람이 단지 사사로운 탐욕으로 일념을 삼으면
곧 강한 의지도 녹아 유약해지며,
지혜가 막혀 어두워지며, 은혜는 변하여 참담해지고,
깨끗함이 더럽게 물들어 일생의 인품이 파괴되고 만다.
그러므로 옛사람들은 탐욕을 부리지 않음을 보배로 삼았으니,
이것이 바로 일세를 넘길 수 있었던 까닭이다.[607]

人只一念貪私, 便銷剛爲柔,

塞智爲昏, 變恩爲慘,

染潔爲汚, 壞了一生人品.
故古人以不貪爲寶, 所以度越一世.

【度越一世】 한 세상을 추월하여 넘김.

080(明前-80) 耳目見聞爲外賊
　　　이목의 견문이 밖의 도적이라면

이목의 견문이 밖의 도적이라면,
정욕의 의식이란 안의 도적이다.
단지 이 주인된 자(자신)가
밝은 정신으로 미혹함에 빠지지 않도록 하여
홀로 그 집(자신 몸) 가운데에 버티고 앉아 있으면
그 도적들은 화化하여 곧 집안 사람이 될 것이다.[608]

耳目見聞爲外賊, 情欲意識爲內賊.
只是主人翁, 惺惺不昧,
獨坐中堂, 賊便化爲家人矣.

【主人翁】 내 몸의 이목구비를 주재하고 있는 주인. 곧 자신의 본심을 가리킴.
〈寶下〉에는 '主人公'으로 되어 있음.
【惺惺】 슬기롭고 영리하게 대처함.
【中堂】 집의 제일 가운데 자리. 여기서는 자신의 몸을 가리킴.

081(明前-81) 圖未就之功
아직 이루지 못할 공을 도모하는 것은

아직 이루지 못할 공을 도모하는 것은
이미 이루어놓은 업적을 보전하느니만 못하고,
이미 지나간 과실을 후회하는 것은
장래 다가올 그릇될 것을 방비하느니만 못하다.[609]

圖未就之功, 不如保已成之功;
悔旣往之失, 不如防將來之非.

【已成之功】〈寶下〉에는 '已成之業'으로 되어 있음.
【不如防將來之非】〈寶下〉에는 '亦要防將來之非'로 되어 있음.

082(明前-82) 氣象要高曠
기상은 높고 광활하게 가져야 한다

기상은 높고 광활하게 가져야 한다.
성글고 광포하게 굴어서는 안 된다.
심사는 상세하고 세밀하게 가져야 한다.
자질구레한 부스러기처럼 가져서는 안 된다.

취미는 충담冲淡하게 가져야 한다.
편협하거나 메마르게 가져서는 안 된다.
지조는 엄명하게 가져야 한다.
격렬함을 가져서는 안 된다.[610]

氣象要高曠, 而不可疎狂;

心思要縝密, 而不可瑣屑;

趣味要冲淡, 而不可偏枯;

操守要嚴明, 而不可激烈.

〈안기생〉

【疎狂(소광)】 거칠고 성글어 자상함이 없는 상태.
【縝密(진밀)】 실로 짜듯 빈틈없는 모습.
【瑣屑(쇄설)】 자잘구레한 부스러기. 쌍성어.
【冲淡】 비워두어 담박한 상태.
【偏枯】 치우쳐 편협하거나 메마른 정서.

083(明前-83) 風來疎竹
바람이 성긴 대밭에 불어오되

바람이 성긴 대밭에 불어오되 바람이 지나면
대나무는 그 소리조차 남기지 않는다.
기러기가 찬 못을 지나되 기러기가 떠나고 나면
못은 그 그림자조차 남기지 않는다.

그러므로 군자는 일이 다가오면 비로소 마음에 드러내되,
일이 사라지고 나면 마음은 그에 따라 비워버린다.[611]

> 風來疎竹, 風過而竹不留聲;
> 雁度寒潭, 雁去而潭不留影.
>
> > 故君子事來而心始現;
> > 事去而心隨空.

084(明前-84) 清能有容
맑음은 능히 용납함이 있고

맑음은 능히 용납함이 있고, 어짊은 능히 결단함을 잘한다.
명철함은 살핌에 상처를 주지 아니하고,
곧음은 바로잡음에 허물을 남기지 않는다.
이를 일러 밀전蜜餞은 달지 않으며,
해산물은 짜지 않다 하니,
이래야만 아름다운 덕懿德이 되는 것이다.[612]

> 清能有容, 仁能善斷;
> 明不傷察, 直不過矯.
> 是謂蜜餞不甛;
> 海味不鹹; 纔是懿德.

【蜜餞】과일류를 꿀에 절인 것. 이렇게 한 것일수록 달아서는 안됨을 뜻함.

【醎(함)】鹹과 같음.

【懿德(의덕)】아름다운 덕. 포용력이 있으며 원만하여 치우침이 없는 덕.

※《增廣賢文》(149)에「明不傷察, 直不過矯.」라 하였으며 같은《增廣賢文》(150)에
　「仁能善斷, 淸能有容.」이라 하여 서로 대를 이루고 있다. 한편《尙書》君陳
　篇에「有容德乃大」라 하고, 孔穎達 傳에「有所包容, 德乃爲大」라 하였다.

085(明前-85) 貧家淨掃地
가난한 집일지라도

가난한 집일지라도 깨끗이 마당을 쓸고,
가난한 집 여인일지라도 깨끗이 머리를 빗으면,
모습과 색깔이 비록 뛰어나게 아름답지는 않다 해도
기상과 태도는 저절로 풍아風雅하게 될 것이다.
사군자가 한때 궁한 근심과 쓸쓸한 낙담에 빠진다 해서,
어찌 곧바로 스스로 폐하고 해이해질 수 있겠는가?[613]

　　　貧家淨掃地; 貧女淨梳頭.
　　景色雖不艶麗; 氣度自是風雅.
　　　　士君子, 一當窮愁寥落,
　　　　　　奈何輒自廢弛哉?

【窮愁寥落】 가난으로 늘 근심하며 쓸쓸히 영락한 상태.
【廢弛(폐이)】 폐하거나 해이하여 의욕이 없음. 자포자기하는 상태.
※《增廣賢文》(443)에 「貧家光掃地, 貧女淨梳頭; 景色雖不麗, 氣度自優游.」라
  하였다.

086(明前-86) 閑中不放過
한가한 중이라 하여

한가한 중이라 하여 방심하며 그냥 지나치는 경우가 없도록 한다면
바쁜 경우에 쓰임을 받게 된다.
고요한 가운데에서도 낙담하거나 공허하게 보내지 않으면
움직임에 쓰임을 받게 된다.
어두운 속에서도 속이거나 숨기지 않으면
밝은 곳에서 쓰임을 받게 된다.[614]

閑中不放過, 忙處有受用;
靜中不落空, 動處有受用;
暗中不欺隱, 明處有受用.

【忙處·動處·明處】〈寶下〉에는 '忙中·動中·明中'으로 되어 있음.

087(明前-87) 念頭起處
생각이 일어나

생각이 일어나
막 '욕심의 길'로 가고 있음을 깨달았다면
곧 '이치의 길'로 오도록 되돌려라.
깨달음과 동시에 다시 되돌릴 수 있어야 한다.
이것이 전화위복과 기사회생의 관건이니,
절대로 가볍게 지나쳐서는 안 되느니라.[615]

念頭起處:

　　纔覺向欲路上去,

　　便挽從理路上來.

　　一起便覺便轉.

　　此是轉禍爲福,

　　起死回生的關頭,

　　切莫輕易放過.

〈동방삭〉

【一起便覺便轉】〈實下〉에는 '一起便覺, 一覺便轉'으로 되어 있음.
【放過】가볍게 여겨 지나침. 관심이나 주의를 기울이지 아니함. 그러나
이 구절은 〈實下〉에는 '切莫當面錯過'로 되어 있음.

088(明前-88) 靜中念慮澄徹
고요한 가운데에 염려가 맑고

고요한 가운데에 염려가 맑고 투철하면
마음의 진체眞體를 볼 수 있고,
한가한 가운데에 기상을 조용히 가지면
마음의 진기眞機를 알 수 있으며,
담담한 가운데에 의취를 충이冲夷하게 가지면
마음의 진미眞味를 터득할 수 있다.
마음을 보고 도를 증험함에는 이 세 가지만한 것이 없다.[761]

靜中念慮澄徹, 見心之眞體;
閑中氣象從容, 識心之眞機;
淡中意趣冲夷, 得心之眞味.
觀心證道, 無如此三者.

【澄徹】 아주 깨끗함. 쌍성어.
【眞體】 진리의 본체.
【眞機】 진정한 기미. 기밀의 본체.
【冲夷】 비워져 평범한 도의 경지.《老子》는 '冲'을 충(盅, 비워진 그릇)으로,
'夷'는 "이도약뢰"(夷道若纇)라 하여 평범한 道로 보았음.

089(明前-89) 靜中靜非眞靜
고요함 속의 고요함은

고요함 속의 고요함은 진정한 고요함이 아니다.
움직이는 가운데 고요함을 얻어내는 것,
이것이 곧 성천性天의 진정한 경지이다.
즐거움 속의 즐거움은 진정한 즐거움이 아니다.
고달픔 속에 즐거움을 얻어내는 것이
곧 심체心體의 진정한 기틀을 보는 것이다.[762]

> 靜中靜非眞靜, 動處靜得來, 纔是性天之眞境;
> 樂處樂非眞樂, 苦中樂得來, 纔見心體之眞機.

【性天】 하늘의 진정한 원래대로의 성품을 이어받은 것.

090(明前-90) 舍己毋處其疑
자신을 버리되 의심나는 곳이라면

자신을 버리되 의심나는 곳이라면 처하지 말라.
의심나는 곳에 처하면
스스로 버리고자 하던 의지가 흔히 모두 부끄러움이 되고 만다.

남에게 베풀되 그 보답을 책임지우지 말라.
그 보답을 책임지우면
베풀고자 하던 마음이 모두 그릇된 것이 되고 만다.[763]

舍己毋處其疑, 處其疑,
卽所舍之志多愧矣;
施人毋責其報, 責其報,
併所施之心俱非矣.

〈유신과 완조〉

【併所施之心俱非矣】 원본에는 「併所舍之心俱非矣」로 되어 있으나 앞 구절과
對句로 「所施之心」이 맞을 듯함.

091(明前-91) 天薄我以福
하늘이 나에게 복을 박하게 주었다 해도

하늘이 나에게 복을 박하게 주었다 해도
나는 나의 후덕으로 이를 맞이한다.
하늘이 내 몸을 노고롭게 부린다 해도
나는 내 마음을 편안히 함으로써 이를 보충한다.
하늘이 나를 곤액으로써 만나게 했어도
나는 나의 도리를 형통하게 하여 이를 통달한다.
그렇게 하면 하늘이 나에게 어찌 하겠는가![616]

天薄我以福, 吾厚吾德以迓之;

天勞我以形, 吾逸吾心以補之;

天阨我以遇, 吾亨吾道以通之.

天且奈我何哉!

【迓之(아지)】 맞이함. 迓는 迎과 같음.
【吾亨】〈寶下〉에는 '吾享'으로 되어 있음.

092(明前-92) 貞士無心徼福
곧은 선비는 마음에 복을 구하고자

곧은 선비는 마음에 복을 구하고자 하는 마음이 없으나
하늘이 곧 마음이 없는 그 곳에 충심衷心의 창을 만들어준다.
간사한 사람은 화를 피하고자 하는 데에 뜻을 두지만
하늘은 곧 뜻을 둔 그곳에서 혼백을 빼앗는다.
하늘의 기권機權은 가장 신기하니,
사람의 지교智巧가 무슨 보탬이 될 것인가를 알겠도다.[617]

貞士無心徼福, 天卽就無心處牖其衷;

憸人著意避禍, 天卽就着意中奪其魄.

可見天之機權最神, 人之智巧何益?

【貞士】곧은 것을 지키며 바르게 사는 선비. 다른 기록에는 '眞士'로 되어 있다.
【徼福(요복)】〈寶下〉에는 '邀福'으로 되어 있음.
【憸人】〈寶下〉에는 '險人'으로 되어 있음.
【牖其衷】牖는 둥근 모습의 창문. '그 충에 대하여 발휘할 창문을 만들어
  주다'의 뜻.
【機權】기미에 대한 권형. 하늘이 저울질하여 평형을 유지하도록 함을 뜻함.
【智巧】인간의 꾀나 교묘함.

※《增廣賢文》(653)에 「眞士無心邀福, 天卽就無心處牖其衷; 險人着意避禍, 天卽
  就着意處奪其魄.」이라 하였다.

093(明前-93) 聲妓晚景從良
노래 부르는 기녀일지라도

노래 부르는 기녀일지라도 만년에 좋은 남편을 만나면
일생 연지 바른 화류계의 과거는 장애될 것이 없다.
정숙한 부인이 백발에 정절을 잃으면
반평생 지켜온 고통도 모두 그릇되고 만다.
속담에 "사람을 보되 그의 뒤 반절의 인생을 보라"하였으니,
진실로 명언이로다.[618]

聲妓晚景從良, 一世之胭花無碍;
貞婦白頭失守, 半生之淸苦俱非.
  語云:「看人只看後半截.」
    眞名言也.

【聲妓】노래 부르는 기생. 정절을 지키지 아니하는 신분을 뜻함.
【晩境】만년, 늙음의 시절.
【胭花】연지 바르고 화장하여 꽃같이 예쁘게 꾸민 모습. 花柳界를 대신하는
말. 〈寶下〉에는 '烟花'로 되어 있음.

※《增廣賢文》(179)에「聲妓晩景從良, 半世之烟花無碍; 貞婦白頭失守, 一生之淸
　苦俱非.」라 하였으며 明 呂坤의《續小兒語》(六言)에「貞婦白頭失守, 不如老妓
　從良.」이라 하였다.

094(明前-94) 平民肯種德施惠
평민도 덕을 심고
은혜를 베풀기를 기꺼이 하면

평민도 덕을 심고 은혜를 베풀기를 기꺼이 하면
곧 이가 직위 없는 공상公相이요,
사대부라도 한갓 권세를 탐하고 총애를 사려 하면
마침내 작위 있는 거지가 되고 마는 법이다.[619]

平民肯種德施惠, 便是無位的公相;
士夫徒貪權市寵, 竟成有爵的乞人.

【公相】五爵의 公侯伯子男의 작위나 직위에 있어서 宰相의 자리. 〈寶下〉에는
'公卿'으로 되어 있음.
【士夫】사대부. 그러나 〈寶下〉에는 '仕夫(벼슬길에 오른 사람)'로 되어 있음.

095(明前-95) 問祖宗之德澤

조상의 덕택이
무엇이냐고 묻는다면

조상의 덕택이 무엇이냐고 묻는다면
내 몸 이렇게 누리는 것이 바로 그것이라 하리라.
의당 조상의 쌓고 쌓은 어려움을 생각해야 한다.
자손의 복이 무엇이냐고 묻는다면
내 몸소 끼쳐 줄 수 있음이 바로 그것이라 하리라.
의당 그것이 기울어 엎어지기 쉬움을 생각해야 한다.[620]

問祖宗之德澤, 吾身所享者是, 當念其積累之難;
問子孫之福祉, 吾身所貽者是, 要思其傾覆之易.

096(明前-96) 君子而詐善

군자라면서 선善을 속인다면

군자라면서 선善을 속인다면
이는 소인으로서 제멋대로 악惡을 저지르는 것에 다를 바 없다.
군자라면서 절의를 고친다면
소인이면서 스스로 새로워짐에 미치지 못한다.[621]

君子而詐善, 無異小人之肆惡;
君子而改節, 不及小人之自新.

【肆惡(사악)】 마구 제멋대로 저지르는 악행.

097(明前-97) 家人有過
집안 식구에 허물이 있거든

집안 식구에 허물이 있거든
이를 폭로하거나 드러내어서는 안 된다.
그리고 가볍게 포기해서도 안 된다.
그 일이 말로 하기 어렵거든 다른 일을 비유하여 은밀히 풍자하라.
오늘 깨닫지 못하거든 내일을 기다려 다시 경계하라.
마치 봄바람에 얼음이 녹듯이,
따뜻한 기운이 얼음을 사라지게 하듯이 하라.
이것이 가정의 틀이 되는 모범이니라.[622]

家人有過:
　　不宜暴揚, 不宜輕棄.
　　此事難言, 借他事隱諷之;
　　今日不悟, 俟來日再警之.

如春風解凍, 如和氣消氷.
　　纔是家庭的型範.

【再警之】〈寶下〉에는 ‘正警之’로 되어 있음.
【型範】전형적이 모범. 틀. 규범.

098(明前-98) 此心常看得圓滿
이 마음이
항상 원만함을 볼 수 있으면

이 마음이 항상 원만함을 볼 수 있으면
천하는 저절로 결함이 없는 세계가 될 것이요,
이 마음이 항상 관대하고 평안함으로 놔둔다면
천하는 저절로 험측險側한 인정이 없어질 것이다.[623]

此心常看得圓滿,
天下自無缺陷之世界;
此心常放得寬平,
天下自無險側之人情.

〈종리권〉

【險側】험하고 삐딱하여 바르지 못함. 세상의 인정이 조석으로 변함을 뜻함.

099(明前-99) 澹泊之士
담박한 선비는

담박한 선비는 반드시 농염한 자의 의심거리가 되고,
자신을 법칙대로 점검하는 사람은
흔히 방사放肆한 자의 시기거리가 된다.
군자는 이러한 곳에 처한다 해도
그 지조를 조금도 바꾸어서는 안 되며,
역시 너무 지나치게
그 송곳 끝 가시 같은 반응을 드러내어서도 안 된다.[624]

澹泊之士, 必爲濃艶者所疑;
檢飭之人, 多爲放肆者所忌.
君子處此, 固不可少變其操履;
　　　　亦不可太露其鋒芒.

【濃艶】 지나치게 짙거나 강한 상태.
【檢飭(검칙)】 자신을 관리하여 법칙에 어긋나지 않도록 엄격하게 점검함.
【放肆】 방종하여 제멋대로 함.
【操履(조리)】 절조로 여겨 이행함.
【鋒芒】 칼 끝이나 가시의 끝. 위험하거나 너무 예리한 반응을 뜻함.

100(明前-100) 居逆境中
역경 속에 있으면

역경 속에 있으면
내 몸 주위의 모든 것이 침폄鍼砭이며 약석藥石이다.
이들이 나의 절조와 행동을 갈고 닦아주고 있으나 깨닫지 못하고 있다.
순경 속에 처해 있으면
모든 것이 병인兵刃이며 과모戈矛로 가득 찬 것이다.
이들이 나의 기름을 녹이고
뼈를 가루고 만들고 있지만 알아차리지 못한다.[625]

居逆境中,
周身皆鍼砭藥石,
砥節礪行而不覺;
處順境內,
滿前盡兵刃戈矛,
銷膏靡骨而不知.

〈소사〉

【鍼砭藥石(침폄약석)】 침폄은 침을 놓아 치료하는 것, 약석은 약으로 쓰이는
　광물질.
【砥節礪行(지절려행)】 절조를 숫돌에 갈 듯이 연마시키며 행동을 수련시킴을 뜻함.
【兵刃戈矛(병인과모)】 무기의 칼날이나 창 등 위험한 경우를 당하게 됨을 말함.
【銷膏靡骨(쇄고미골)】 몸의 기름을 녹이고 뼈를 마모시킴.
※ 《增廣賢文》(643)에 「富貴如刀兵戈矛, 稍放縱便銷膏靡骨而不知; 貧賤如針砭
　藥石, 一憂勤則砥節礪行而不覺」이라 하였다.

101(明前-101) 生長富貴叢中的
부귀의 떨기 속에 태어나

부귀의 떨기 속에 태어나 자란 사람은
기호와 욕망이 맹렬한 불과 같고,
권세에 대한 욕심은 뜨거운 불꽃과 같다.
만약 약간의 청랭한 기미를 띠고 방비하지 않으면
그 불꽃은 남을 불사르기에까지는 이르지 않는다 해도
틀림없이 스스로 불타고 말 것이다.[626]

生長富貴叢中的:
　嗜慾如猛火;
　　權勢似烈焰.
若不帶些淸冷氣味,
　其火焰不至焚人,
　　必將自爍矣.

〈장도릉〉

【爍(삭)】 태우거나 녹임. 〈寶下〉에는 '焚'으로 되어 있음.

102(明前-102) 人心一眞
사람의 마음이 한 번 진실되면

사람의 마음이 한 번 진실되면 문득 서리도 날려 없앨 수 있고,
성도 무너뜨릴 수 있으며,
금석도 꿰뚫을 수 있다.
그러나 거짓을 일삼고 망녕된 짓을 하는 사람이라면
몸체만 한갓 갖추고 있을 뿐,
진실한 자신의 주재자는 이미 사라지고 만 것이다.
그러한 사람은 남을 대하면 면목도 가증스럽고,
홀로 있으면 몸과 그림자에게조차 스스로 부끄럽다.[627]

〈매복〉

人心一眞, 便霜可飛,
　城可隕, 金石可貫.
若僑妄之人, 形骸徒具,
　　眞宰已亡.
　對人則面目可憎;
　獨居則形影自媿.

【便霜可飛·城可隕·金石可貫】서리를 날린 고사는 鄒衍이 억울하게 옥에
갇혔을 때 燕王에게 올린 편지글(《新序》)의 고사이며, 성을 무너뜨린 것은
杞梁의 처가 전쟁에 죽은 남편을 위해 울자 성이 저절로 무너졌다는 고사
(《孟子》등)이며, 金石可貫은 마음이 專一하면 활을 쏘아도 돌을 뚫을 수
있다(《西京雜記》)는 고사를 인용한 것임.

【形影】형태(자신의 몸)와 그에 따르는 그림자.
【媿(괴)】愧와 같음. 부끄럽게 보임. 부끄럽게 느낌. 〈寶下〉에는 '愧'로 되어 있음.

103(明前-103) 文章做到極處
문장이 지극한 경지에 이르게 지어낸다 해도

문장이 지극한 경지에 이르게 지어낸다 해도
별다른 기이함이 있는 것이 아니라 그저 꼭 맞아 좋을 것이면 된다.
인품이 지극한 경지에 이르게 수양했다 해도
별다른 기이함이 있는 것이 아니라 그저 본연 그대로이면 된다.[628]

文章做到極處, 無有他奇, 只是恰好;

人品做到極處, 無有他異, 只是本然.

104(明前-104) 以幻迹言
환적幻迹으로 말한다면

환적幻迹으로 말한다면
공명과 부귀는 물론이려니와 지체도 역시 위형委形에 속한다.

진경眞境으로 말한다면
부모형제는 물론이려니와 만물이 모두가 나와 한몸이다.
사람이 능히 보기를 간파하고 알기를 진실되게 한다면
그제야 천하의 부담負擔을 짊어질 수 있고,
역시 세간의 강소韁鎖를 벗어버릴 수 있다.[629]

以幻迹言, 無論功名富貴, 卽肢體亦屬委形;
以眞境言, 無論父母兄弟, 卽萬物皆吾一體.
人能看得破, 認得眞,
　　　　　纔可任天下之負擔;
　　　　　亦可脫世間之韁鎖.

【幻迹】幻影의 흔적, 세상 만물은 결국 본체 없이 그 환영의 흔적이라 본 것.
　다른 본에는 '幻境'으로 되어 있음.
【委形】형태에 소속된 것으로 맡김.
【負擔】짊어진 몫이나 임무. 大任.
【看得破·認得眞】〈寶下〉에는 '看的破·認的眞'으로 되어 있음.
【韁鎖(강쇄)】韁은 고삐, 鎖는 자물쇠. 얽매여 자유롭지 못한 상태를 뜻함.

※《格言聯璧》持躬類(135)에 "以性分言, 無論父子兄弟, 則天地萬物, 皆一體耳,
　何物非我? 於此信得及, 則心體廓然矣; 以外物言, 無論功名富貴, 則四肢百骸,
　亦軀殼耳, 何物是我? 於此信得及, 則世味淡然矣."라 함.

105(明前-105) 爽口之味
구미를 상쾌하게 하는 맛이란

구미를 상쾌하게 하는 맛이란
모두가 창자를 문드러지게 하고 뼈를 썩게 하는 독약이니
오 푼 정도만 먹으면 곧 뒤탈이 없으리라.
마음을 상쾌하게 하는 일이란
모두가 몸을 패하고 덕을 상하게 하는 매파이니
오 푼 정도만 하면 후회가 없으리라.[630]

爽口之味,
皆爛腸腐骨之藥,
五分便無殃;
快心之事,
悉敗身喪德之媒,
五分便無悔.

〈황초평〉

【爛腸腐骨(난장부골)】 창자를 腐爛하게 하고 뼈를 부패시킴.
【敗身喪德(패신상덕)】 몸을 망치고 덕을 잃게 함. 〈寶下〉에는 '敗身散德'으로
되어 있음.

※《增廣賢文》(370)에 「爽口食多終作疾, 快心事過必生殃.」이라 하여 표현이 다름.

106(明前-106) 不責人小過
남의 작은 과실을 꾸짖지 말라

남의 작은 과실을 꾸짖지 말라.
남의 숨겨진 사생활을 들춰내지 말라.
남과의 옛 악을 염두에 두지 말라.
이 세 가지는 덕을 기를 수 있는 것이며,
역시 해를 멀리할 수 있는 것이다.[631]

不責人小過;
不發人陰私;
不念人舊惡.
三者可以養德;
亦可以遠害.

〈비장방〉

107(明前-107) 士君子
선비 군자는

선비 군자는,
몸가짐을 가볍게 해서는 안 된다.

가볍게 가지면 외물이 나를 뒤흔들어 유한하고
진정한 흥취를 가질 수 없게 된다.
용의를 무겁게 해서는 안 된다.
무겁게 하면 내가 외물의 진흙이 되어 소쇄하고
활발한 기틀을 가질 수 없게 된다.[764]

> 士君子:
> 持身不可輕, 輕則物能撓我, 而無悠閑鎭定之趣;
> 用意不可重, 重則我爲物泥, 而無瀟洒活潑之機.

108(明前-108) 天地有萬古
천지에는 만고의 시간이 있으나

천지에는 만고의 시간이 있으나 이 몸은 다시 태어날 수 없다.
사람의 생년은 단지 백년에 불과하여
오늘 이 날은 아주 쉽게 지나가고 만다.
다행히 그 사이에 태어난 자는 삶에는
즐거움이 있음을 알지 않으면 안되며,
역시 삶이라는 것이 허망하다는 근심을 품지 아니하면 안 된다.[632]

> 天地有萬古, 此身不再得;
> 人生只百年, 此日最易過.

幸生其間者, 不可不知有生之樂;

亦不可不懷虛生之憂.

109(明前-109) 怨因德彰
원망은 덕을 바탕으로 드러난다

원망은 덕을 바탕으로 드러난다.
그러므로 남으로 하여금 나를 덕스럽다 여기도록 하는 것은
덕과 원망을 모두 잊도록 하느니만 못하다.
원수는 은혜로 말미암아 세워진다.
그러므로 남으로 하여금 은혜를 알도록 하는 것은
은혜와 원망을 모두 사라지도록 하느니만 못하다.[중복 없음]

怨因德彰. 故使人德我, 不若德怨之兩忘;

仇因恩立. 故使人知恩, 不若恩仇之俱泯.

110(明前-110) 老來疾病
늙음이 다가와 나타나는 질병은

늙음이 다가와 나타나는 질병은 모두가 장년시절 불러왔던 것들이다.
노쇠한 뒤의 죄악은 모두가 한창 시절 만들어진 것이다.

그러므로 꽉 찬 것을 잡고 가득한 것을 밟음에,
군자는 더욱 조심조심하는 법이다.[633]

　　老來疾病, 都是壯時招的;
　　衰後罪孽, 都是盛時作的.
　故持盈履滿, 君子尤兢兢焉.

【壯時招的·盛時作的】〈實下〉에는 '壯時招得·盛時作得'으로 되어 있음.
【罪孽(죄얼)】죄악의 재앙.

※《增廣賢文》(275)에 「終身疾病, 恒從新婚造起; 蓋世勛猷, 多是老成建來」라
　하였다.

111(明前-111) 市私恩
사사롭게 은혜를 파는 것

사사롭게 은혜를 파는 것은 공론公論에 의거하여 돕느니만 못하고,
새로운 친구를 사귀고자 하는 것은 옛 친구와 돈독히 함만 같지 못하며,
영예로운 이름을 세우겠다고 함은 숨은 덕의 씨앗을 뿌리느니만 못하며,
기이한 절의를 숭상함은 평상시의 행실을 조심함만 같지 못하니라.[633]

　　市私恩, 不如扶公議;
　　結新知, 不如敦舊好;

立榮名, 不如種隱德;
尙奇節, 不如謹庸行.

【隱德】몰래 베푸는 덕행. 〈寶下〉에는 '陰德'으로 되어 있음.
【庸行】평상시의 떳떳한 행동.

112(明前-112) 公平正論
공평한 정론에는

공평한 정론에는 손으로 범해서는 안 된다.
한 번 범하면 수치가 만세에 남게 된다.
권문의 사사로운 구멍에는 발을 들여놓아서는 안 된다.
한 번 발을 들여놓으면 종신토록 오점이 남게 된다.[635]

公平正論不可犯手, 一犯則貽羞萬世;
權門私竇不可着脚, 一着則點汚終身.

【私竇(사두)】사사로운 구멍.
【着脚(착각)】발을 붙임. 발을 들여놓음. 〈寶下〉에는 '著脚'으로 되어 있음.
【點汚(점오)】〈寶下〉에는 '玷汚'로 되어 있음.

113(明前-113) 曲意而使人喜
뜻을 굽혀 남을 즐겁게 하는 것은

뜻을 굽혀 남을 즐겁게 하는 것은
자신의 몸을 곧게 하여 남이 꺼리도록 하느니만 못하다.
잘한 일 없으면서 남의 칭찬을 받는 것은
악함이 없으면서 남에게 헐뜯음을 당하느니만 못하다.[636]

曲意而使人喜, 不若直躬而使人忌;
無善而致人譽, 不若無惡而致人毀.

114(明前-114) 處父兄骨肉之變
부형이나 골육의 정이 변하는 경우에

부형이나 골육의 정이 변하는 경우에 처하거든
마땅히 조용히 하여 격렬하게 반응하지 말라.
친구나 사귀는 자와 헤어짐을 만나거든
의당 알맞게 끊되 우물쭈물하지는 말라.[637]

處父兄骨肉之變, 宜從容不宜激烈;
遇朋友交遊之失, 宜剴切不宜優游.

【剴切(개절)】알맞게 끊음.

【優遊】우유부단한 상태. 優遊는 쌍성어.

※《增廣賢文》(474)에「處骨肉之變, 宜從容不宜激烈; 當家庭之衰, 宜惕厲不宜委靡」라 하였다.

115(明前-115) 小處不滲漏
별 것 아닌 일이라고

별것 아닌 일이라고 물 새듯 대충하지는 말라.
어두운 곳이라고 속이거나 숨기려 들지 말라.
끝나가는 일이라고 태만히 하거나 황폐해 하지 말라.
그래야 비로소 하나의 진정한 영웅이니라.[638]

小處不滲漏,
暗中不欺隱,
末路不怠荒,
纔是個眞正英雄.

〈남채화〉

【滲漏】물이 滲透하여 새듯이 모르는 사이에 소홀히 함을 뜻함.

【暗中】〈寶下〉에는 '暗處'로 되어 있음.

【纔是個眞正英雄】〈寶下〉에는 '纔是眞正英雄'으로 되어 있음.

116(明前-116) 千金

천금이 있어도

천금이 있어도 일시의 즐거움을 묶어두기 어렵고,
한 술 밥일지라도 끝내 종신의 고마움이 될 수 있다.
대개 너무 아까워하면 도리어 원수가 되고,
엷음이 극에 이르면 뒤집혀 기쁨이 될 수도 있느니라.[765]

千金難結一時之歡,
一飯竟致終身感,
蓋愛重反爲仇;
薄極翻成喜也.

〈손등〉

【薄極】 각박함이 지극함. 아주 각박하게 처리함을 뜻함.

117(明前-117) 藏巧於拙

공교함은 졸렬함에 감추어 두고

공교함은 졸렬함에 감추어 두고 어두움을 이용하여 밝히도록 하라.
맑음은 탁함에 붙여두어 굽히는 것을 펴는 것으로 삼아라.

이것이 진실로 세상을 건너는 하나의 병壺이며,
몸을 숨기는 세 개의 굴이니라.[766]

藏巧於拙, 用晦而明;
寓淸於濁, 以屈爲伸.
眞涉世之一壺,
藏身之三窟也.

【用晦而明】《周易》에 明夷卦에 "明夷: 君子以莅衆, 用晦而明"라 하여 "어둠
으로써 밝게 하라"하였음.
【一壺】물에 빠졌을 때 물에 뜨는 병 하나가 생명을 건짐. 고해를 건너가는
浮漂物.《鶡冠子》學問篇에 "河中失船, 一壺千金."이라 하였음.
【三窟】세상의 재난을 막을 수 있는 세 개의 굴. 교활한 토끼는 숨을 구멍을
세 개 정도는 가지고 있어야 한다(狡兎三窟)는 고사에서 비롯됨. 齊나라
孟嘗君의 신하 馮諼이 맹상군을 위하여 마련한 安全策.《戰國策》齊策 참조.

118(明前-118) 衰颯的景象
쓸쓸한 풍경은

쓸쓸한 풍경은 곧 왕성하여 풍만함 속에 있고,
발하여 생겨나는 기함機緘은 영락한 속에 있는 법이다.
그러므로 군자는 편안함에 살면서
의당 한 마음을 조종하여 환난을 걱정해야 하고,

변화에 처해서는 마땅히 백 가지 인내로써
성취를 도모해야 하느니라.[767]

衰颯的景象, 就在盛滿中;
發生的機緘, 卽在零落內.
故君子居安宜操一心以慮患;
處變當堅百忍以圖成.

【衰颯(쇠삽)】쓸쓸한 모습. 쌍성어.
【機緘】기는 하늘의 기밀, 함은 이를 감추어 쉽게 알 수 없도록 하는 것.
여기서는 하늘의 오묘한 이치를 뜻함.
【零落】기가 꺾여 풀 죽은 모습. 쌍성어.

119(明前-119) 驚奇喜異者
기괴한 것을 경탄하고

기괴한 것을 경탄하고 이상한 것을 즐겨함은 원대한 식견이 없음이요,
절의를 괴로워하고 행동에 독선을 부리는 것은 항구의 지조가 아니다[639]

驚奇喜異者, 無遠大之識;
苦節獨行者, 非恒久之操.

【無遠大之識】〈寶下〉에는 '終無遠大之識'으로 되어 있음.
【非恒久之操】〈寶下〉에는 '要有恒久之操'로 되어 있음.

120(明前-120) 當怒火慾水
노기의 불꽃과 욕심의 물을

노기의 불꽃과 욕심의 물을 당해서는 그 들끓는 곳에서
밝고 밝게 이를 알아차려야 하며,
또한 밝고 밝게 범하는 것이 누구인지 알아내어야 한다.
안다는 것은 누구이며 범하는 것은 또 누구인가?
이러한 곳에서 능히 맹렬히 생각을 바꾸어보면
사악한 마귀도 곧 진군眞君이 되느니라.[640]

當怒火慾水, 正騰沸處,
明明知得, 又明明犯着.
知的是誰? 犯的又是誰?
此處能猛然轉念, 邪魔便爲眞君矣.

【騰沸(등비)】沸騰과 같음. 물이 끓어오르듯 욕심이 끓어오름을 뜻함. 〈寶下〉
에는 '正騰沸處'가 '正騰沸時'로 되어 있음.
【知的是誰, 犯的又是誰】〈寶下〉에는 '知得是誰, 犯着又是誰'로 되어 있음.
【眞君】진실한 신. 마귀에 상대되는 뜻으로 쓰였음. 〈寶下〉에는 '眞君子'로
되어 있음.

121(明前-121) 毋偏信
한쪽만 치우치게 믿다가

한쪽만 치우치게 믿다가
간악한 무리의 속임을 당하는 일이 없도록 하며,
스스로 책임을 떠맡다가
기氣, 분위기의 부림을 당하는 일이 없도록 하라.
자신의 장점으로 남의 단점을 드러내는 일이 없도록 하며,
자신의 졸렬함으로 남의 능함을 시기하는 일이 없도록 하라.[641]

毋偏信而爲奸所欺;
毋自任而爲氣所使.
毋以己之長而形人之短;
毋因己之拙而忌人之能.

〈마고〉

【偏信】치우치게 한 쪽만 믿음.

122(明前-122) 人之短處要
남의 단점이 있을 경우에는

남의 단점이 있을 경우에는 간곡히 이를 꿰매도록 해주어라.

만약 폭로하여 들추어낸다면
이는 단점으로써 단점을 공격하는 것이 된다.
남의 완고함에 대하여는 선하게 하여 깨우치도록 해주어라.
만약 화를 내며 미워한다면
이는 완고함으로 완고함을 구제하려 덤비는 꼴이 된다.[642]

人之短處要曲爲彌縫, 如暴而揚之, 是以短攻短;
人有頑的要善爲化誨, 如忿而嫉之, 是以頑濟頑.

【彌縫(미봉)】임시 변통으로 이를 꿰매어 맞춤. 여기서는 긍정적인 뜻으로
쓰였음.

123(明前-123) 遇沉沉
침침沉沉하여 침묵만 지키며

침침沉沉하여 침묵만 지키며 말을 하지 않는 선비를 만나거든
잠시 마음을 터놓지 말라.
행행悻悻하여 스스로 잘난 척하는 사람을 보거든
응당 입을 막고 있어라.[643]

遇沉沉不語之士, 且莫輸心;
見悻悻自好之人, 應須防口.

【沉沉(침침)】沈沈과 같음. 자신만을 보호하기 위하여 침묵을 지키며 말이 없는 모습.
【輸心】마음을 줌. 마음을 건네주어 솔직히 밝힘.
【悻悻(행행)】성내며 앙심을 품음. 착하지 못한 상태.

124(明前-124) 念頭昏散處
생각이 혼미하고 분산하는 곳에서는

생각이 혼미하고 분산하는 곳에서는 깨어나 이를 알아차려야 하며,
생각이 요긴하게 긴장될 때는 이를 놓아버릴 줄도 알아야 한다.
그렇게 하지 않으면 어둠 속에 헤매는 병은 제거되지만,
안쓰러워 발을 구르는 어지러움이 올까 두렵다.[644]

念頭昏散處, 要知提醒;
念頭喫緊時, 要知放下.
　　　　不然恐去昏昏之病;
　　　　又來憧憧之擾矣.

【提醒】일깨워줌.
【喫緊(끽긴)】매우 긴요한 모습. 쌍성어.

125(明前-125) 霽日靑天
갠 날 푸른 하늘이 갑자기 변하여

갠 날 푸른 하늘이 갑자기 변하여
우레치고 천둥치는 날씨로 변하고,
미친 바람에 노한 빗줄기가 갑자가 변하여
밝은 달에 맑은 하늘로 바뀐다.
기기氣機가 어찌 항상 같겠는가?
터럭 하나로 응결하기도 하는 것이며,
태허太虛가 어찌 항상 같겠는가?
터럭 하나로 가로막아 막히기도 하는 것이로다.
사람 마음의 본체도 역시 이와 같은 것이니라.[645]

霽日靑天, 倏變爲迅雷震電;

疾風怒雨, 倏變爲朗月晴空.

氣機何常? 一毫凝滯;

太虛何常? 一毫障塞.

人心之體, 亦當如是.

【倏變(숙변)】 갑작스럽게 변함. 변화가 매우 다급한 모습. 아래의 '倏變爲朗
　月晴空'은 〈寶下〉에는 '倏轉爲朗月晴空'으로 되어 있음.
【氣機】 사물의 기와 기밀.
【太虛】 도교에서 일컫는 하늘. 천상.
【障塞(장색)】 〈寶下〉에는 '障蔽'로 되어 있음.

※「氣機何常, 一毫凝滯; 太虛何常, 一毫障塞.」은 〈寶下〉에는 「氣機何嘗一毫凝滯; 太虛何嘗一毫障蔽.」로 되어 있다. 이 경우 "氣機가 어찌 일찍이 一毫로 凝滯된 적이 있었겠으며, 太虛가 어찌 일찍이 一毫로 障蔽된 적이 있었겠는가?"의 뜻이 된다.

126(明前-126) 勝私制欲之功
사사로움을 이기고

사사로움을 이기고 욕심을 제압하는 공부에는,
"빨리 알아차리지 않으면 힘으로는 쉽지 않다"라는 말이 있고,
"아는 것이 간파되지 않으면 참는 것으로는 통과할 수 없다"라는 말이 있다.
대체로 앎識이란 하나의 마귀를 비추는 밝은 구슬이요,
힘이란 한 줌의 마귀를 베는 지혜의 검劍이니라.
그러므로 이 두 가지는 하나라도 없어서는 안 된다.[646]

　　勝私制欲之功:
　　　　有曰:「識不早力不易者.」
　　　　有曰:「識得破忍不過者.」
　　　　　　蓋識是一顆照魔的明珠;
　　　　　　力是一把斬魔的慧劍.
　　　　　　兩不可少也.

【一顆(일과)】 顆는 동그란 구슬 따위를 세는 단위. 양사.

127(明前-127) 覺人之詐
남의 속임을 눈치 챘더라도

남의 속임을 눈치챘더라도 이를 말로 표현하지 말며,
남에게 모욕을 받았을지라도 이를 얼굴 표정에 나타내지 말라.
이 가운데에 무궁한 의미가 있으며,
역시 무궁한 수용受用이 있느니라.[768]

覺人之詐, 不形於言;
受人之侮, 不動於色.
此中有無窮意味,
亦有無窮受用.

【受用】 이를 受容하여 이용함. 쓰임을 받음.

128(明前-128) 橫逆困窮
횡역과 곤궁이란

횡역과 곤궁이란,
이는 호걸을 단련하는 하나의 용광로요 망치이다.

능히 그 단련을 받으면 심신이 교차로 이익이 되고,

그 단련을 받지 않으면 심신이 교차로 손해가 되느니라.[647]

横逆困窮:

是煅煉豪傑的一副鑪錘.

能受其煅煉, 則身心交益;

不受其煅煉, 則身心交損.

【煅煉】〈寶下〉에는 모두 '鍛煉'으로 되어 있음.

【豪傑】〈寶下〉에는 '毫杰'로 되어 있음.

【鑪錘(노추)】용광로와 망치. 쇠를 녹이고 단련하는 공구.

【能受其煅煉·不受其煅煉】〈寶下〉에는 「能受其鍛煉者·不受其鍛煉者」로 되어 있음.

129(明前-129) 吾身一小天地也
내 몸은 하나의 작은 천지이다

내 몸은 하나의 작은 천지이다.

기쁨과 노기로 하여금 이에 허물이 되지 않도록 하라.

호오好惡에는 법칙이 있으니 곧 섭리의 공부이다.

천지는 하나의 큰 부모이다.

백성들로 하여금 원망하거나 허물이 되지 않도록 하라.

물건에는 몹쓸 것이란 없으며

역시 모두가 돈독히 하고 화목하게 할 기상氣象들인 것이다.[769]

吾身一小天地也.

　　使喜怒不愆, 好惡有則, 便是燮理的功夫;

天地一大父母也.

　　使民無怨咨, 物無氛疹, 亦是敦睦的氣象.

【燮理】攝理와 같음. 밝은 이치.
【怨咨】원망과 탄식.
【氛疹(분진)】남을 해하기 위해 있는 몹쓸 병폐.

130(明前-130) 害人之心
남을 해치려는 마음을

남을 해치려는 마음을 가져서는 안 되지만,
남을 방비하는 마음은 없어서는 안 된다.
이는 염려에 소홀함이 있을까 경계함이니라.
차라리 남의 속임을 당할지언정,
남의 속임을 맞받아 치지는 말라.
이는 살핌에 상처가 있을까 경계함이니라.
이 두 가지 말을 함께 가지고 있으면,
정명精明하고 혼후渾厚하게 되느니라.[648]

害人之心不可有,

防人之心不可無.

此戒疎於慮也.

寧受人之欺,

毋逆人之詐.

此警傷於察也.

二語並存,

精明而渾厚也.

〈여동빈〉

【此戒疎於慮也·此警傷於察也】〈寶下〉에는「此戒疏於慮者·此警傷於察者」로
되어 있음.

【渾厚(혼후)】매우 두터움. 쌍성어. 〈寶下〉에는「精明而渾厚也」가「精明渾
厚矣」로 되어 있음.

※《增廣賢文》(235)에「害人之心不可有, 防人之心不可無」라 하였다.

131(明前-131) 毋因群疑
무리가 의심한다고 해서

무리가 의심한다고 해서 자신만의 견해를 포기하지 말라.

자신의 의견에 맡겨 남의 말을 폐하지 말라.

사사로운 작은 은혜로 대체大體를 손상시키지 말라.

공론을 빙자하여 사사로운 자기 감정에 쾌감을 느끼지 말라.[649]

毋因群疑而阻獨見,
毋任己意而廢人言;
毋私小惠而傷大體,
毋借公論而快私情.

【大體】천지 자연의 큰 도리. 원리.
【公論】공개적인 논거.

※《增廣賢文》(295)에 「勿因群疑而阻獨見, 勿任己意而廢人言」이라 하였다. 이에
따라 혹 "많은 사람이 모두 의심한다고 해서 한 사람의 독특한 견해를 막는
일이 없도록 하라. 자신의 뜻에 맡겨 임의대로 남의 말을 없애는 일이 없도록
하라"로 해석할 수도 있다. 그리고 같은《增廣賢文》(114)에 「毋私小惠而傷大體,
毋借公論而快私情; 毋以己長而形人之短, 毋因己拙而忌人之能」이라 하였다.

132(明前-132) 善人未能急親
착한 사람일지라도

착한 사람일지라도 급하게 친할 수 없는 것이니,
미리 그를 칭찬하고 나서서는 말라.
참훼를 일삼는 간악한 자가 다가올까 두렵다.
악한 사람이라도 경솔하게 멀리할 수 없는 것이니,
미리 그의 악을 발설하지는 말라.
재앙을 중매하는 화를 부를까 두렵다.[650]

善人未能急親, 不宜預揚, 恐來讒譖之奸;

惡人未能輕去, 不宜先發, 恐招媒蘗之禍.

【讒譖之奸(참참지간)】 참훼하고 헐뜯는 간신. 간악한 무리.
【媒蘗之禍(매얼지화)】 媒蘗은 재앙을 옮겨주는 중매쟁이. 〈寶下〉에는 '媒孽'로
되어 있음.

133(明前-133) 青天白日的節義
청천백일과 같은 절의는

청천백일과 같은 절의는
어두운 방 새는 집에서 길러진 것이며,
하늘을 돌리고 땅을 돌릴 정도의 경륜은
깊은 물 얇은 얼음을 조심하는 경험에서 나온 것이다.[651]

青天白日的節義, 自暗室屋漏中培來;

旋乾轉坤的經綸, 自臨深履薄處操出.

【暗室屋漏】 어두운 방 새는 집. 가난한 집을 비유함. 暗室漏屋과 같은 말.
【臨深履薄】《詩經》小雅 小旻篇의 구절로 매우 조심함을 이르는 말.「戰戰
兢兢, 如臨深淵, 如履薄氷」이라 함. 한편 〈寶下〉에는「從出深履薄中操出」로
되어 있음.

134(明前-134) 父慈子孝
아비가 자애롭고 아들이 효성스러우며

아비가 자애롭고 아들이 효성스러우며,
형이 우애롭고 아우가 공손하면
비록 하는 일이 극단에 이른다 해도
모두가 이에 합당한 것이니,
털끝만큼도 감격스러운 생각을 갖지 말라.
만약 부모형제 간에 베푸는 자가 덕으로 여기거나,
이를 받는 자가 고마움으로 이를 간직한다면
이는 길가며 오다가다 만나는 사람과의 관계요,
이익으로 따지는 시장의 도리에나 있을 수 있는 것이니라.[652]

父慈子孝,
兄友弟恭,
縱做到極處,
俱是合當如此.
著不得一毫感激的念頭.
如施者任德,
受者懷恩,
便是路人,
便成市道矣.

張果

〈장과〉

135(明前-135) 有姸必有醜爲之對

아름다움이란
반드시 추한 것이 있어 상대되는 것이다

아름다움이란 반드시 추한 것이 있어 상대되는 것이다.
내가 아름답다고 자랑하지 않는데 누가 나의 추함을 들춰내겠는가?
깨끗함이란 반드시 더러움이 있어 원수가 되는 것이다.
내가 깨끗하다고 뽐내지 않는데 누가 나의 더러움을 들춰내겠는가?[770]

> 有姸必有醜爲之對, 我不誇姸, 誰能醜我?
> 有潔必有汚爲之仇, 我不好潔, 誰能汚我?

【姸】 아름다움. '醜'에 상대되는 말로 쓰였음.

136(明前-136) 炎凉之態

염량炎凉의 모습은

염량炎凉의 모습은 부귀한 자에게 나타남이 빈천한 자에게 보다 심하고,
질투와 시기하는 마음은 골육에게 나타남이 남에게보다 지독하다.
이러한 경우에 만약 냉철한 속마음과
평기平氣로 제어하지 않으면,
날마다 번뇌 속에 앉아 있지 않은 날이 적으리라.[653]

炎凉之態, 富貴更甚於貧賤;
妬忌之心, 骨肉尤狠於外人.
　　　此處若不當以冷腸, 御以平氣,
　　　鮮不日坐煩惱障中矣.

【炎凉】덥고 차가움. 세상 인심의 변절과 다양함을 뜻함.
【冷腸】냉철한 속마음.

137(明前-137) 功過不容少混
공과功過는 조금도 혼동하지 말라

공과功過는 조금도 혼동하지 말라.
혼동하면 사람이 태만한 마음을 품게 된다.
은혜와 원한은 너무 밝히려 들지 말라.
밝히면 사람이 두 가지 뜻을 일으키게 된다.[654]

功過不容少混, 混則人懷隋隳之心;
恩仇不可太明, 明則人起携貳之志.

【功過不容少混】〈寶下〉에는 '功過不宜少混'으로 되어 있음.
【隋隳之心(타휴지심)】隋는 惰자의 오기. 게으르고 타락하는 마음. 〈寶下〉에는
'惰隳之心'으로 되어 있음.
【携貳之志(휴이지지)】이간과 의심을 바탕으로 하는 마음.

138(明前-138) 爵位不宜太盛
작위爵位는 너무 성하게 가지지 말라

작위爵位는 너무 성하게 가지지 말라. 너무 성하면 위험해진다.
능사能事는 끝까지 다하지 말라. 끝까지 다하면 쇠퇴함이 온다.
도리에 맞는 행동이라도 너무 높이 가지지 말라.
너무 높이 행동하면 훼방이 일어나고 헐뜯음이 찾아온다.[중복 없음]

> 爵位不宜太盛, 太盛則危;
> 能事不宜盡畢, 盡畢則衰.
> 行誼不宜過高, 過高則謗興而毀來.

139(明前-139) 惡忌陰
악한 행동은 어두움을 꺼리며

악한 행동은 어두움을 꺼리며,
선한 행동은 드러남을 꺼린다.
그러므로 악으로써 드러난 것은 재앙이 얕으나, 숨겨진 것은 재앙이 깊다.
마찬가지로 선으로써 드러난 것은 공이 적으나 숨겨진 것은 공이 크다.[655]

惡忌陰,

善忌陽.

故惡之顯者禍淺, 而隱者禍深;

善之顯者功小, 而隱者功大.

※《增廣賢文》(387)에 「惡忌陰, 善忌陽」이라 하였으며 역시 본 《賢文》(133)의
「爲惡畏人知, 惡中猶有善路, 爲善急人知, 善處卽是惡根」과 같은 주제이다.

140(明前-140) 德者才之主
덕은 재능의 주인이며

덕은 재능의 주인이며,
재능은 덕의 노예이다.
재능이 있으면서 덕이 없다면
이는 마치 집안에 주인은 없고 노예가 일을 처리함과 같다.
그러한 집에 어찌 도깨비가 미친 듯 날뛰지 않으랴?[656]

德者才之主,

才者德之奴.

有才無德,

如家無主而奴用事矣.

幾何不魍魎而猖狂?

【猖狂(창광)】마구 날뛰며 제멋대로 함. 첩운어. '魍魎而猖狂'은 〈實下〉에는
'魍魎猖狂'으로 되어 있음.

141(明前-141) 鋤奸杜倖
간악함을 뽑아 버리고

간악함을 뽑아 버리고 요행을 막으려면
그 간악함과 요행이 제 갈 길로 가도록 길을 터 주어라.
만약 이로 하여금 용납할 곳이 없도록 하면
비유컨대 쥐구멍을 막는 것과 같아진다.
모든 갈 길을 다 막아버리면
좋은 물건을 모두 갉아 파괴해 버린다.[657]

鋤奸杜倖,
　要放他一條去路.
　若使之一無所容,
　　譬如塞鼠穴者.
　一切去路都塞盡,
　則一切好物俱咬破矣.

〈하선고〉

【俱咬破矣】〈實下〉에는 '都咬破矣'로 되어 있음.

142(明前-142) 當與人同過
의당 남과 허물은 같이할지언정

의당 남과 허물은 같이할지언정
남과 공은 같이하지 말라.
공을 같이하면 서로 시기하게 된다.
남과 환난은 함께 할 수 있으나
남과 안락은 함께 하지 말라.
안락을 함께 하고 나면 서로 원수가 되느니라.[771]

當與人同過, 不當與人同功,
同功則相忌. 可與人共患難,
不可與人共安樂, 安樂則相仇.

143(明前-143) 士君子
사군자로서

사군자로서 가난하여 능히 만물을 구제하지 못하는 처지라면
남의 멍청하고 미혹한 경우를 보면
말 한 마디로써 남을 깨우쳐줄 수는 있어야 하며,

남의 급하고 어려운 처지를 당하면
말 한 마디로 이를 풀어 구제해 줄 수 있어야 한다.
이것도 역시 한량없는 공덕이다.[658]

士君子貧不能濟物者.
　　遇人痴迷處, 出一言提醒之;
　　遇人急難處, 出一言解救之.
　　　　亦是無量功德.

【無量功德】〈寶下〉에는 '無量功德矣'로 되어 있음.

144(明前-144) 饑則附
굶주리면 빌붙고

굶주리면 빌붙고 배부르면 바람처럼 사라진다.
따뜻하면 달려들고 추우면 버리고 떠나간다.
이것이 인정의 공통된 병폐이다.
군자는 의당 깨끗이 씻은 냉철한 눈을 가져야 한다.
삼가 확고한 속마음을 경솔한 행동으로 표출하지 말라.[772, 773]

饑則附, 飽則颺;
煥則趨, 寒則棄,
人情通患也.
君子宜當淨拭冷眼,
愼勿輕動剛腸.

〈조국구〉

【冷眼】냉철한 시각.
【剛腸】강한 속마음.

※ 국내 번역본에는 모두 「君子宜淨拭冷眼, 愼勿輕動剛腸」을 별개의 장으로
나누어 144장으로 하였으며 '當'자는 누락시키고 있으나 〈明刻本〉에는 하나의
장으로 처리하였고 〈續遺本〉에는 두 개의 장으로 나누어져 있으며, 〈學林
出版社〉본도 2장으로 나누었다. 본문의 '颺'은 '揚'으로, '勿'은 '毋'로 되어 있다.

145(明前-145) 德隨量進
덕은 도량을 따라 진보하고

덕은 도량을 따라 진보하고 도량은 앎識을 말미암아 성장한다.
그러므로 그 덕을 후하게 하고자 한다면
그 도량을 넓히지 않으면 안 된다.
마찬가지로 그 도량을 넓히고자 한다면
그 앎을 크게 하지 않으면 안 된다.[중복 없음]

德隨量進, 量由識長,
　故欲厚其德, 不可不弘其量;
　　欲弘其量, 不可不大其識.

146(明前-146) 一燈螢然
등불 하나가 반딧불처럼 깜박이니

등불 하나가 반딧불처럼 깜박이니 만뢰萬籟도 소리가 없다.
이는 우리들이 비로소 고요한 잠자리에 들 때이다.
새벽 꿈이 비로소 깨었으나 모든 동물이 아직 일어나지 않고 있다.
이는 우리들이 비로소 혼돈에서 나오는 때이다.
이러한 경우를 당하여 한 마음으로 빛을 돌려보아
형연燗然히 되비추어 보면,
비로소 이목구비는 모두가 질곡桎梏이며,
정욕과 기호는 모두가 기계機械임을 알게 된다.[중복 없음]

一燈螢然, 萬籟無聲. 此吾人初入宴寂時也;
　曉夢初醒, 群動未起, 此吾人初出混沌處也.
　　乘此而一念廻光, 燗然返照,
　　　始知耳目口鼻, 皆桎梏,
　　　　而情欲嗜好, 悉機械矣.

【萬籟(만뢰)】 세상 삼라만상의 소리. 《莊子》에 天籟, 地籟, 人籟가 있다고 하였음.

【宴寂(연적)】 천지가 고요하여 잠자는 시간.

【混沌(혼돈)】 천지가 분화되기 전의 상태. 카오스. 첩운어.

【烱然(형연)】 환하게 밝음.

【桎梏(질곡)】 차꼬와 수갑. 죄인을 꼼짝하지 못하도록 하는 형구.

【機械】 본체에 어긋나게 일을 쉽게 하거나 욕구를 유발하는 기틀.

※ 본장은 다른 어떤 본에도 없다.

147(明前-147) 反己者
모든 것을 자신의 탓으로 돌리는 자는

모든 것을 자신의 탓으로 돌리는 자는
만나는 일마다 모두가 약석이 되지만,
남의 탓으로 돌리는 자는 생각할 때마다
곧바로 자신을 괴롭히는 과모가 된다.
하나로써 여러 사람의 선한 길을 열기도 하고,
하나로써 여러 악의 근원의 물길을 열어주기도 하는 것이니,
그 거리는 하늘과 땅 차이이다.[659]

反己者, 觸事皆成藥石;
尤人者, 動念卽是戈矛.
一以闢衆善之路;
一以濬諸惡之源,
相去霄壤矣.

〈좌자〉

【反己者】〈寶下〉에는 '處己者'로 되어 있고《增廣賢文》에는 '克己者'로 되어
있다.
【藥石】약재로 쓰이는 돌, 광물질.《左傳》(襄公 23년)에 「季孫之愛我, 疾疢也;
孟孫之惡我, 藥石也」라 하였다.
【戈矛(과모)】사람을 다치게 하는 병기. 흉기.
【霄壤(소양)】하늘과 땅. 天壤, 天地와 같음.
※《增廣賢文》(418)에 「克己者, 觸事皆成藥石; 尤人者, 啓口卽是戈矛」라 하였다.

148(明前-148) 事業文章
일의 업적이나 문장은

일의 업적이나 문장은 몸이 늙으면 그를 따라 사그러지지만
정신은 만고를 두고 새롭다.
공명과 부귀는 세상 추이를 따라 변하지만
기개와 절조는 천년을 두고 하루 같다.
군자는 진실로 이 두 가지를 서로 바꾸어서는 안 된다.[660]

事業文章, 隨身銷毀, 而精神萬古如新;
功名富貴, 逐世轉移, 而氣節千載一日.
君子信不當以彼易此也.

【銷毀(쇄훼)】삭고 녹아 허물어짐.
【君子信不當以彼易此也】〈寶下〉에는 「群信不以彼易此也」로 되어 있음.

※《增廣賢文》(174)에「事業文章, 隨身消毀, 而精神萬古不滅; 功名富貴, 逐世
轉移, 而氣節千載如斯」라 하였다.

149(明前-149) 魚網之設
어망을 설치했는데

어망을 설치했는데 홍곡의 큰 새가 그물에 걸려들기도 한다.
사마귀의 탐욕은 참새가 다시 그 뒤에서 기회를 엿보고 있다.
기계 속에 기계가 감추어져 있고
변화 밖에 변화가 생겨나느니,
지혜와 교묘함이 어찌 믿을 수 있는 것이겠는가?[661]

魚網之設, 鴻則罹其中;
螳螂之貪, 雀又乘其後.
機裡藏機, 變外生變,
　　智巧何足恃哉?

【螳螂捕蟬(당랑포선)】일부 본에는「螳螂之貪」으로 되어 있다. 螳螂은 螳螂과
같다. 사마귀.《說苑》등에 실려 있는 고사이다.「螳螂捕蟬」의 성어를 낳았다.
사마귀가 매미를 먹이로 노리고 있는 뒤에는 그 사마귀를 잡아먹으려는
참새가 있고, 그 참새는 다시 자신을 겨누고 총을 쏘려 하는 사람을 모르고
앞의 이익에만 빠져 있음을 비유한 것이다.《莊子》山木篇,《戰國策》齊策(4),
《韓詩外傳》(권10),《吳越春秋》(권5),《說苑》正諫篇 등에 널리 실려 있는

고사이다. 後園의 나뭇가지에 사마귀는 자기 앞에 있는 매미를 잡아먹으려 노리고, 그 사마귀 뒤에는 참새가 노리고 있으며, 그 참새(꾀꼬리)를 잡으려고 사람이 총알을 겨누지만 그 앞에는 깊은 우물이 있음. 눈앞의 이익에 어두워 뒤따를 위험을 생각지 못함을 말한다.

※ 《增廣賢文》(617)에 「佳人傳粉, 誰識白刃當前; 螳螂捕蟬, 豈知黃雀在後?」라 하였으며 같은 책(583)의 「芙蓉白面, 不過帶肉骷髏; 美艷紅妝, 盡是殺人利刃」과 같은 주제이다. 《昔時賢文》에는 「螳螂捕蟬, 豈知黃雀在後?」라 하였다.

150(明前-150) 作人無點眞懇念頭
사람이 되어 한 점의 진실한 간절함의 생각念頭이 없다면

사람이 되어 한 점의 진실한 간절함의 생각念頭이 없다면
곧 하나의 인형이 되고 말아,
일마다 모두가 헛된 짓이 될 것이다.
세상을 건너면서 하나의 원만함과 기취機趣가 없다면
이는 하나의 목인이 되고 말아,
가는 곳마다 장애가 나타나게 될 것이다[662]

作人無點眞懇念頭, 便成個花子, 事事皆虛;
涉世無段圓活機趣, 便是個木人, 處處有碍.

【作人無點眞懇念頭·涉世無段圓活機趣】〈寶下〉에는 「作人無一點眞懇的念頭, 涉世無一段圓活的機趣」로 되어 있음.

【花子】 인형. 모습은 사람 같으나 선악미추에 대한 아무런 판단이 없음을 비유함.
【機趣】 세상을 사는 기미와 취미.

151(明前-151) 水不波則自定
물은 파도가 없다면
저절로 안정될 것이요

물은 파도가 없다면 저절로 안정될 것이요,
거울은 가리는 그림자가 없다면 스스로 맑아질 것이다.
그러므로 마음은 맑게 할 수 없으니,
그 마음을 혼탁하게 하는 것을 제거하면 맑음이 저절로 드러날 것이요,
즐거움은 찾는다고 되는 것이 아니니,
그 괴롭히는 것을 제거하면 즐거움이 저절로 나타나게 될 것이다.[774]

水不波則自定, 鑑不翳則自明.
故心無可淸, 去其混之者而淸自現;
樂不必尋, 去其苦之者而樂自存.

【翳(예)】 그림자. 빛을 막는 장애를 뜻함.

152(明前-152) 有一念而犯鬼神之禁
하나의 생각으로 귀신이 말리는 일

하나의 생각으로 귀신이 말리는 일을 저지르고,
한 마디 말로써 천지의 조화를 상하게 하며,
하나의 일로써 자손의 재앙을 만드는 자가 있으니,
가장 간절히 경계할 것이니라![663]

有一念而犯鬼神之禁;

　一言而傷天地之和;

　一事而釀子孫之禍者,

　　　最宜切戒!

153(明前-153) 事有急之不白者
일이란 급박하게 하여

일이란 급박하게 하여 명백하지 못하게 되는 경우가 있다.
이를 느슨하게 하면 혹 저절로 명백해지는 경우가 있다.
그러니 조급하게 하여 남의 분함이 더욱 속히 드러나게 해서는 안 된다.
사람이란 잘 인도해주어도 따르지 않는 경우가 있다.
이를 풀어놓으면 혹 저절로 교화되는 경우가 있다.
그러니 절박하게 다루어 그의 완고함을 부추기는 일이 없도록 하라.[664]

事有急之不白者, 寬之或自明, 毋躁急以速其忿;
人有操之不從者, 縱之或自化, 毋操切以益其頑.

【人有操之不從者】〈寶下〉에는「人有切之不從者」로 되어 있음.

※《增廣賢文》(297)에「事有急之不白者, 寬之或自明, 勿操急以速其忿; 人有切之
不從者, 縱之或自化, 勿操切以益其頑」이라 하였다.

154(明前-154) 節義傲靑雲
절의는 청운에게조차 거만하고

절의는 청운에게조차 거만하고,
문장은 백설보다 높다고 해도,
만약 덕성으로 이를 도야하고 녹이지 않는다면
마침내 혈기의 사욕이나
기능의 말末이 되고 마는 것이니라.[665]

節義傲靑雲,
文章高白雪,
若不以德性陶鎔之,
終爲血氣之私,
技能之末.

〈허진군〉

【陶鎔】 그릇을 만드는 틀과 쇠를 녹이는 용광로. 〈寶下〉에는 '陶熔'으로 되어
있음.

155(明前-155) 謝事
일에 감사를 표하고자 하면

일에 감사를 표하고자 하면 그 일이 한창일 때 감사함을 표하라.
자신을 어디에 둘 것인가의 문제에는 홀로 뒤쳐진 위치에 자신을 두라.
덕을 삼감에는 모름지기 지극히 미세한 일에 삼감을 두라.
은혜를 베풂에는 갚지 않아도 될 사람에게 베풀기를 힘써라.[666]

> 謝事, 當謝於正盛之時;
> 居身, 宜居於獨後之地.
> 謹德, 須謹於至微之事;
> 施恩, 務施於不報之人.

【謝事】 다른 본에는 '謝世'로 되어 있음.

※ 국내 번역본에는 모두 「謹德, 須謹於至微之事; 施恩, 務施於不報之人」을
  별개의 장으로 나누어 156장으로 삼고 있으나 〈明刻本〉에 의하여 바로잡음.
  그러나 〈學林出版社〉본도 2장으로 나누고 있다.

156(明前-156) 交市人
시정사람과 사귐은

시정사람과 사귐은 산 속에 사는 늙은이와 사귐만 못하고,
부잣집에 드나듦은 가난한 사람과 친함만 못하다.
길거리 골목에서 오가는 말을 들음은
나무꾼 목동의 노래를 듣느니만 못하다.
지금 살아 있는 사람의 실덕이나 행동의 과실을 화제로 삼음은
옛사람의 가언이나 떳떳한 행동을 이야기하느니만 못하다.[775]

交市人, 不如友山翁;

謁朱門, 不如親白屋;

聽街談巷語, 不如聞樵歌牧詠;

談今人失德過擧, 不如述古人嘉言懿行.

【白屋】가난한 선비의 집을 비유하는 말.
【樵歌牧詠(초가목영)】나무꾼의 노래와 목동의 노래. 가장 순박하고 평화
　로움을 뜻함. 〈續遺本〉에는 '牧唱樵歌'로 되어 있음.
【過擧】〈續遺本〉에는 '過差'로 되어 있음.
【嘉言懿行(가언의행)】훌륭한 말과 아름다운 행동.

157(明前-157) 德者, 事業之基
덕이란 일과 업적의 기초이다

덕이란 일과 업적의 기초이다.
기초가 견고하지 않으면서
기둥이 오래도록 튼튼한 경우란 없느니라.
마음이란 후손의 뿌리이다.
뿌리가 제대로 심겨져 있지 않으면서
가지와 잎이 무성한 경우란 없느니라.[667]

德者, 事業之基.
　　未有基不固, 而棟宇堅久者.
心者, 後裔之根.
　　未有根不植, 而枝葉榮茂者.

【後裔之根】〈寶下〉에는 '修行之根'으로 되어 있음.

※ 국내 번역본은 모두 「心者, 後裔之根. 未有根不植, 而枝葉榮茂者」를 나누어
　159장으로 처리하였으나 〈明刻本〉에는 이를 하나의 장으로 하였으며 對句로
　보아도 이것이 정확하다고 여겨짐. 그러나 〈學林出版社〉본은 2장으로 나누
　었음.

158(明前-158) 前人云
옛사람이 말하였다

옛사람이 말하였다.

"자기 집에 있는 무진장한 재물을 내버려두고,

이집 저집 문 앞을 돌며 사발 들고 거지아이 노릇을 한다."

또 이렇게 말하였다.

"갑자기 부자된 가난한 집 아이여, 꿈꾼 일을 말하지도 말아라.

꿈처럼 된다면 그 어느 집 아궁이엔들 연기 안 나랴?"

앞의 잠언은 스스로 가진 것이 있음에도 이를 모르는 자요,

뒤의 잠언은 스스로 제 가진 헛된 꿈을 자랑한 것을 말한다.

이는 학문의 경계로 삼을 만하다.[776]

前人云:

「抛却自家無盡藏, 沿門持鉢效貧兒.」

又云:

「暴富貧兒休說夢, 誰家竈裡火無烟?」

一箴自昧所有,

一箴自誇所有,

可爲學問切戒.

【沿門】'緣門'과 같음. 남의 집 대문을 연이어 찾아가 구걸함.

【持鉢效貧】구걸하는 사발을 들고 가난한 거지노릇을 함.

【誰家竈裡火無烟】 어느 집이나 먹을 것이 풍부하여 늘 아궁이에 음식 조리하는 연기가 피어오름을 뜻함. 일부 본에는 '竈'자가 '廚'자로 되어 있는 것도 있음.

159(明前-159) 道是一件公衆物事
도란 하나의 공중公衆의 사물이니

도란 하나의 공중公衆의 사물이니
사람에 따라 그에 맞추어 접하고 이끌어주어야 한다.
학문이란 하나의 평상시 집에서 먹는 밥과 같은 것이니
일에 맞추어 경계하고 조심해야 하는 것이다.[668]

> 道是一件公衆物事, 當隨人而接引;
> 學是一個尋常家飯, 當隨事而警惕.

【公衆物事】 〈寶下〉에는 '公衆的物事'로 되어 있으며 아래의 '尋常家飯'도 '尋常的家飯'으로 되어 있음.
【尋常家飯】 집에서 평상시 먹는 보통의 음식.
【警惕】 경계하고 삼감.

160(明前-160) 信人者
남을 믿는 자는

남을 믿는 자는 남이 아직 성의를 다해주지 않는다 해도
자신은 홀로 성의를 다하는 자이다.
남을 의심하는 자는 남이 아직 모두가 속임을 꾸미지 않음에도
자신이 먼저 속이는 자이다.[777]

> 信人者, 人未必盡誠, 己則獨誠矣;
> 疑人者, 人未必皆詐, 己則先詐矣.

161(明前-161) 念頭寬厚的
관후寬厚함을 염두에 두는 것은

관후寬厚함을 염두에 두는 것은
마치 봄바람이 따뜻이 길러주어
만물이 이를 만나 자라게 하는 것과 같다.
기각忌刻함을 염두에 두는 것은
마치 겨울 눈이 얼게 하여
만물이 이를 만나 죽게 하는 것과 같다.[669]

念頭寬厚的, 如春風煦育, 萬物遭之而生;
念頭忌刻的, 如朔雪陰凝, 萬物遭之而死.

【春風煦育(춘풍후육)】 봄바람이 따뜻하여 만물을 길러냄.
【忌刻】 매우 각박하게 구는 것. 쌍성어. 忌剋, 忌克과 같음. 〈寶下〉에는 '忌克'
  으로 되어 있음.
【朔雪陰凝】 삭풍의 눈으로 어둡고 추위서 만물이 얼어붙음.

162(明前-162) 爲善不見其益
선을 행함에

선을 행함에 그 이익이 드러나 보이지는 않으나,
이는 마치 풀 속의 호박넝쿨과 같아서
저절로 모르는 사이에 자라고 있는 것이다.
악을 저지르면서 그 손해가 드러나 보이지는 않으나
이는 뜰 앞의 봄눈과 같아서
틀림없이 녹아 사라지고 마는 것이다.[778]

爲善不見其益, 如草裡東瓜, 自應暗長;
爲惡不見其損, 如庭前春雪, 當必潛消.

【自應暗長】 〈續遺〉에는 '自能暗長'으로 되어 있음.

【東瓜】호박. 그 줄기의 자람이 매우 빠르나 보이지는 아니함을 비유한 것. 원래 호박은 한자로 '冬瓜'라고 쓰나 여기서는 음이 같아 혼용된 표기가 아닌가 함.

163(明前-163) 遇故舊之交
옛 친구를 만나 사귐에

옛 친구를 만나 사귐에 의기가 더욱 새로워야 하고,
은미한 일을 처리함에는 마음 씀이 더욱 환히 드러나야 하며,
낡고 쇠한 늙은이를 대우함에는 은혜와 예가 더욱 융성해야 하느니라[779]

遇故舊之交, 意氣要愈新;
處隱微之事, 心迹宜愈顯;
待衰朽之人, 恩禮當愈隆.

【故舊】오랜 기간 사귄 친구.
【衰朽】노쇠하여 낡고 늙음.

※ 〈續遺本〉에는 「遇故舊之交, 意氣要愈新; 處隱微之地, 心迹宜愈顯; 待衰朽之輩, 恩禮當愈隆」으로 되어 있음.

164(明前-164) 勤者, 敏於德義
　　　근면함이란
　　　덕의에 민첩하게 하는 것이건만

근면함이란 덕의에 민첩하게 하는 것이건만,
세상 사람들은 근면함을 빌려
자신의 탐욕을 성취시키는 데에 쓰고자 한다.
검소함이란 재물의 이익에 담담히 하는 것이건만,
세상 사람들은 검소함을 빌려
자신의 인색함을 핑계대려 한다.
군자가 몸을 보전하는 부적으로 여기는 것을
소인은 도리어 자신의 사사로운 영리를 위한 도구로 여기고 있으니
안타깝도다![670]

　　勤者, 敏於德義, 而世人借勤以濟其貪;
　　儉者, 淡於貨利, 而世人假儉以飾其吝.
　　　君子持身之符, 反爲小人營私之具矣.
　　惜哉!

【濟其貪】 자신의 탐욕을 구제함. 탐욕을 성취시키기 위하여 부지런히 움직임.
국내 번역본에는 '濟其貧'으로 된 것도 있음.

165(明前-165) 憑意興作爲者

흥분하여 일을 하는 자

흥분하여 일을 하는 자는 수시로 시작했다가 수시로 그만두니,
어찌 물러설 수 없는 바퀴일 수 있겠는가?
정에 휩쓸려 깨우치는 자는 깨달았다가도 미혹해지니
마침내 언제나 밝은 등불은 아니로다.[780]

憑意興作爲者, 隨作則隨止, 豈是不退之輪?
從情識解悟者, 有悟則有迷, 終非常明之燈.

【不退之輪】 물러서지 아니하는 바퀴.〈續遺本〉에는 '不退之車輪'으로, 다음
끝 구절도 '常明之燈燭'으로 되어 있음.

166(明前-166) 人之過誤宜恕

남의 과오에 대하여는

남의 과오에 대하여는 마땅히 용서해야 한다.
그러나 자신에게 과오가 있을 때는 용서해서는 안 된다.
자신의 곤욕에 대하여는 마땅히 참아야 한다.
그러나 남의 곤욕을 보고는 참아서는 안 된다.[671]

人之過誤宜恕, 而在己則不可恕;

己之困辱當忍, 而在人則不可忍.

167(明前-167) 能脫俗便是奇
능히 속됨을 벗어나는 것이

능히 속됨을 벗어나는 것이 기이한 것이다.

그러나 의도가 있어 기이함을 숭상하는 것은

기이함이 아니라 괴이함이 되는 것이다.

더러움에 합하지 않는 것이 맑은 것이다.

그러나 세속을 끊고 맑기를 구하는 것은

맑음이 아니라 과격함이 되는 것이다.[781]

能脫俗便是奇,

　作意尙奇者,

不爲奇而爲異;

不合污便是淸,

　絶俗求淸者,

不爲淸而爲激.

〈사마진인〉

【絶俗求淸】 속세를 끊고 청량한 삶을 살겠다고 고집함. 〈續遺本〉에는 '矯情
求淸'으로 되어 있음.

168(明前-168) 恩宜自淡而濃
　　　　　은혜는 마땅히 시작은 담담하게
　　　　　끝은 짙게 해야 한다

은혜는 마땅히 시작은 담담하게 끝은 짙게 해야 한다.
먼저 짙게 하고 나중에 담담하게 하면
사람들이 그 은혜를 잊는다.
위엄은 의당 엄하게 시작하여 관대하게 해야 한다.
먼저 관대하게 하고 나중에 엄하게 하면
사람들이 그를 가혹하다고 원망하게 된다.[672]

　恩宜自淡而濃, 先濃後淡者, 人忘其惠;
　威宜自嚴而寬, 先寬後嚴者, 人怨其酷.

※《增廣賢文》(634)에 「恩宜自淡而濃, 先濃後淡者, 人忘其惠; 威宜自嚴而寬,
　先寬後嚴者, 人怨其酷」이라 하였다.

169(明前-169) 心虛則性現
　　　　　마음을 비우면 성性이 보인다

마음을 비우면 성性이 보인다.
마음을 쉬게 하지 않고 성을 보기를 바라는 것은

마치 파도를 헤치고 달을 찾는 것과 같게 된다.
뜻을 깨끗이 하면 마음이 맑아진다.
뜻을 명료하게 하지 않고 마음 밝히기를 바라는 것은
마치 거울을 보고자 하면서 티끌을 덧칠하는 것과 같다.[782]

心虛則性現, 不息心而求見性, 如撥波覓月;
意淨則心淸, 不了意而求明心, 如索鑑增塵.

【索鑑增塵】 거울을 찾아 비춰보고자 하면서 먼지를 덧씌움. 〈續遺〉에는 '索鏡
增塵'으로 되어 있음.

170(明前-170) 我貴而人奉之
내가 귀한 신분이라고

내가 귀한 신분이라고 남이 나를 받드는 것은,
나의 이 높은 관과 넓은 띠를 받드는 것이다.
내가 천하다고 남이 나를 깔보는 것은,
나의 이 베옷과 짚신을 깔보는 것이다.
그렇다면 원래 나를 받드는 것이 아니니 내 어찌 이를 즐거워하겠는가?
또 원래 나를 깔보는 것이 아니니 내 어찌 화를 내겠는가?[783]

我貴而人奉之, 奉此峨冠大帶也;
我賤而人侮之, 侮此布衣草履也.

然則原非奉我, 我胡爲喜?

原非侮我, 我胡爲怒?

【峨冠大帶】 높은 관과 넓은 띠. 옛날 고관들은 이러한 관과 복장을 하였으므로 고관대작을 의미하는 말로 사용되었음.
【布衣草履】 베옷과 짚신. 벼슬을 하지 않으면서 가난하게 사는 것을 뜻함.

171(明前-171) 爲鼠常留飯
쥐가 먹도록 항상 밥을 조금 남겨두고

쥐가 먹도록 항상 밥을 조금 남겨두고,
나방을 불쌍히 여겨 등불을 켜지 않는다.
옛사람들은 이러한 생각을 염두에 두었다.
이는 우리들의 생생지기生生之機이다.
이러한 것이 없다면 곧 소위 토목이나 해골이라 일컬어질 뿐이다.[744]

爲鼠常留飯,

憐蛾不點燈.

古人此等念頭.

是吾人一點生生之機.

無此便所謂土木形骸而已.

【憐蛾不點燈】〈寶下〉에는 '憐蛾罩紗燈'으로 되어 있어 "나방을 불쌍히 여겨 등에 망을 씌워주다"로 하였음.

【此等念頭】〈寶下〉에는 '此點念頭'로 되어 있음.

【生生之機】세상의 모든 것을 살게 하는 기틀이나 원리.

172(明前-172) 心體便是天體
심체心體는 곧 천체天體이다

심체心體는 곧 천체天體이다.

일념의 즐거움은 빛나는 별이며 아름다운 구름이며,

일념의 노함은 우레와 폭우요,

일념의 자비는 온화한 바람과 단 이슬이요,

일념의 엄함은 뜨거운 해와 가을 서리로다.

그 무엇인들 적게 얻으랴? 다만 생겨나고 소멸됨을 따를 뿐이다.

확연히 막힘이 없으면 이것이 곧 태허(우주)와 같은 몸체니라.[786]

心體便是天體:

一念之喜, 景星慶雲;

一念之怒, 震雷暴雨;

一念之慈, 和風甘露;

一念之嚴, 烈日秋霜.

何者少得? 只要隨起隨滅;
廓然無碍, 便與太虛同體.

【何者少得】〈續遺〉에는 '何者所感'으로 되어 있음.

173(明前-173) 無事時
일이 없을 때는

일이 없을 때는 마음이 쉽게 어두워질 수 있다.
이런 때는 적적하게 하여 슬기로움으로 이를 비추어 보아야 한다.
일이 있을 때는 마음이 쉽게 분주해질 수 있다.
이런 때는 슬기롭게 하여 적적함으로 주재를 삼도록 해야 한다.[784]

無事時, 心易昏冥, 宜寂寂而照以惺惺;
有事時, 心易奔逸, 宜惺惺而主以寂寂.

【惺惺】똑똑히 알아 대처하는 능력.
【昏冥】어두워 미혹한 상태. 〈續遺本〉에는 '昏昧'로 되어 있음.
【奔逸】바삐 내닫고 쉽게 놓침. 〈續遺本〉에는 '奔馳'로 되어 있음.

174(明前-174) 議事者
일을 두고 토론이 벌어졌을 때는

일을 두고 토론이 벌어졌을 때는,
자신은 그 일 밖에 처하여 이해利害의 상황을 모두 살펴보아라.
일을 맡아 실행할 때는,
자신은 그 일 속에 처하여 이해의 염려를 잊은 채 처리하라.[785]

> 議事者, 身在事外, 宜悉利害之情;
> 任事者, 身居事中, 當忘利害之慮.

【當忘】〈續遺〉에는 '當絶'로 되어 있음.

175(明前-175) 士君子, 處權門要路
사군자가 권문요로權門要路에 처해 있다면

사군자가 권문요로權門要路에 처해 있다면,
이를 처리함에는 마땅히 엄하고 분명하게 하여야 하며,
마음과 기는 온화하고 쉽도록 해주어야 한다.
적은 일이라 따라갔다가 비린내나는 무리를 가까이 하는 일은 없도록 하고,
또한 과하다고 격하여 봉채蜂蠆의 독을 범하는 일이 없도록 하라.[673]

士君子, 處權門要路,

操履, 要嚴明;

心氣, 要和易.

母少隨而近腥羶之黨;

亦母過激而犯蜂蠆之毒.

【權門要路】권세가의 대문이나 요직의 길목.
【操履】일을 조종하고 실천하는 일.
【腥羶之黨(성전지당)】생선 비린내나 육류의 냄새 등이 나는 더러운 무리들.
〈寶下〉에는 '腥膻之黨'으로 되어 있음.
【蜂蠆之毒(봉채지독)】벌이나 전갈 따위의 독. 악한 사람을 비유함. 국내 번역본
에는 '蜂虻之毒'으로 된 것도 있음.

176(明前-176) 標節義者
절의를 표방하는 자는

절의를 표방하는 자는 마음이 절의 때문에 비방을 받고,
도학을 표방하는 자는 항상 도학 때문에 허물을 불러오게 된다.
그러므로 군자는 악한 일에 가까이 하지 않으며,
역시 좋은 이름도 세우지 않는다.
단지 화기和氣에 혼연히 하는 것,
이것이 바로 몸에 지녀야 할 진실한 보배니라.[787]

標節義者, 心以節義受謗;
榜道學者, 常因道學招尤.
故君子不近惡事,
亦不立善名.
只渾然和氣,
纔是居身之珍.

〈왕질〉

【只渾然和氣】〈續遺〉에는 '只要和氣渾然'으로 되어 있음.
【居身之珍】〈續遺〉에는 '居身之寶'로 되어 있음.

177(明前-177) 遇欺詐的人
속임수를 쓰는 사람을 만나거든

속임수를 쓰는 사람을 만나거든
성심으로 이를 감동시키고,
포악하고 지독한 사람을 만나거든
화기로 이를 훈증薰蒸시키고,
사악하고 굽은 쪽으로 기운 사람을 만나거든
명분과 도의, 기절氣節로써 이를 격려激礪시켜라.
그렇게 되면 천하에 그 누구도
나의 이 도야陶冶 안으로 들어오지 않는 자가 없으리라.[674]

遇欺詐的人, 以誠心感動之;

遇暴戾的人, 以和氣薰蒸之;

遇傾邪私曲的人, 以名義氣節激礪之.

天下無不入我陶冶中矣.

【薰蒸】김이나 연기를 쐬기도 하고 쪄서 익히는 조리법. 여기서는 좋은 영향을
받아 선하게 됨을 뜻함.
【傾邪私曲(경사사곡)】사악하고 굽은 쪽으로 기우는 상태를 뜻함.
【激礪】분격시키고 면려함. 〈寶下〉에는 '激勵'로 되어 있음.
【陶冶】원래 그릇 굽는 일과 쇠를 녹이는 일로 새로운 기구가 되기 위하여
단련을 받음을 뜻함. 〈寶下〉에는 '陶熔'으로 되어 있음.

178(明前-178) 一念慈祥
일념一念의 자상함은

일념一念의 자상함은 두 사람 사이의 화기를 만들어낼 수 있고,
촌심寸心의 결백은 백대의 맑은 향기를 밝히 내려줄 수 있다.[675]

一念慈祥, 可以醞釀兩間和氣;

寸心潔白, 可以昭垂百代淸芬.

【醞釀】술이 발효되듯이 새롭고 훌륭하게 변화됨을 뜻함. 쌍성어.

179(明前-179) 陰謀怪習
음모와 괴팍한 습성

음모와 괴팍한 습성,
괴이한 행동과 기이한 재주는
모두가 세상을 살아가는 데에 있어서의 재앙의 모태이다.
다만 하나의 떳떳한 덕과 떳떳한 행동만이
곧 혼돈을 안정시켜 화평을 불러올 수 있느니라.[676]

陰謀怪習,
異行奇能,
俱是涉世的禍胎.
只一個庸德庸行,
便可以完混沌而召和平.

陶弘景

〈도홍경〉

【禍胎】 禍根과 같음. 화를 잉태하는 태반.

180(明前-180) 語云
속담에 말하였다

속담에 말하였다.
"산에 오름에는 가파른 길을 견뎌내어야 하고,
눈길을 가는데는 위험한 다리를 견뎌내어야 한다."
견뎌냄耐이라는 이 한 글자는 지극한 의미가 있다.
이를테면 기울고 험한 세상 인정과
울퉁불퉁한 세상살이 길에서,
만약 견뎌냄이라는 글자를 얻어 붙잡고 통과하지 않고서야
어찌 가시밭이나 구덩이 함정에 빠지지 않을 수 있겠는가?[677]

語云:
　　「登山耐側路,
　　　踏雪耐危橋.」
　一耐字極有意味.
　　如傾險之人情, 坎坷之世道,
　　若不得一耐字, 撑持過去,
　　幾何不墮入榛莽坑塹哉!

【側路】〈寶下〉에는 '險路'로 되어 있음.
【坎坷(감가)】울퉁불퉁하여 고르지 못한 상태. 흔히 일이 제대로 되지 않아
　고통을 받음을 뜻함. 쌍성어.
【榛莽坑塹(진망갱참)】가시밭이나 구덩이, 함정.

181(明前-181) 誇逞功業
공과 업적을 지나치게 드러내고

공과 업적을 지나치게 드러내고
문장을 잘 짓는다고 자랑하고 뽐내는 것은
모두가 외물에 의지하여 일을 하는 사람이다.
몸과 마음이 영연瑩然히 하여
본래의 참모습을 잃지 않으면
작은 공적이나 글자 한 자 모른다고 해도
역시 저절로 정정당당한 사람됨의 터전이 있는 줄을 모른다.[678]

誇逞功業,
炫耀文章,
皆是靠外物做人.
不知心體瑩然,
本來不失,
卽無寸功隻字,
亦自有堂堂正正做人處.

〈배항〉

【瑩然】 밝고 깨끗한 모습.
【寸功隻字】 한 치의 공과 하나의 글자. 寸과 隻은 量詞임.

182(明前-182) 忙裡要偸閑

바쁜 중에
한가함을 누리고자 하면

바쁜 중에 한가함을 누리고자 하면
모름지기 먼저 한가한 때를 대비하여 그 자루를 잡고자 하여야 한다.
왁자지껄한 가운데 고요함을 취하고자 하면
모름지기 먼저 고요한 속에 그 주재主宰를 세워야 한다.
그렇게 하지 않으면 경우에 의지하여 옮기고,
일에 따라 정신 없이 굴지 않을 자가 없으리라.[788]

忙裡要偸閑, 須先向閑時討個欛柄;
鬧中要取靜, 須先從靜處立個主宰.
不然, 未有不因境而遷,
隨事而靡者.

【欛柄(파병)】 칼이나 도구의 자루. 중요한 부분을 쥐고 있어야 함을 뜻함.
'把柄'과 같음.
【須先從靜處立個主宰】〈續遺〉에는 「須先從靜裡立個根基」로 되어 있음.

183(明前-183) 不昧己心
자신의 마음을
우매하게 하지 말라

자신의 마음을 우매하게 하지 말라.
사람의 정을 다 쓰지 말라.
물건의 힘을 끝까지 쓰지 말라.
이 세 가지는 천지를 위하여 마음을 세우는 바로 삼을 수 있고,
백성을 위하여 명命으로 세울 수 있으며,
자손을 위하여 복 짓는 것으로 삼을 수 있다.[679]

不昧己心,
不盡人情,
不竭物力.
三者可以爲天地立心,
爲生民立命,
爲子孫造福.

〈손사막〉

【不盡人情】〈寶下〉에는 '不拂人情'으로 되어 있음.

184(明前-184) 居官有二語

관직에 종사하면서는 두 마디면 된다

관직에 종사하면서는 두 마디면 된다.
"공公으로 하면 밝음이 생겨나고, 청렴으로 하면 위엄이 생겨난다."
집안에 거하면서는 두 마디면 된다.
"용서로써 하면 정이 평화로워지고, 검소하게 하면 쓰임이 풍족해진다."[680]

居官有二語,
　　　　曰:「惟公則生明, 惟廉則生威.」
居家有二語,
　　　　曰:「惟恕則情平, 惟儉則用足.」

【情平】〈寶下〉에는 '平情'으로 되어 있음.

185(明前-185) 處富貴之地

부귀의 지위에 처해서는

부귀의 지위에 처해서는 빈천한 사람의 고통을 알아야 하고,
젊어 건장한 시기에는 모름지기 노쇠했을 때의 고통을 염려해야 한다.[681]

處富貴之地, 要知貧賤的痛癢;

當少壯之時, 須念衰老的辛酸.

【的】 '~의', '~는/은'등의 뜻으로 백화어 용법이며 고문의 '之'와 같다.

【痛癢(통양)】 고통스러움과 가려움증. 가난으로 겪는 고생을 말함. '痛痒'
  으로도 쓴다.

【辛酸】 맵고 심. 고통의 다른 말.

※ 《增廣賢文》(008)에 「處富貴地, 要矜憐貧賤的痛癢; 當少壯時, 須體念衰落的
   酸辛」이라 하였으며, 《格言聯璧》持躬類(185)에도 「處富貴之時, 要知貧賤的
   痛癢; 值少壯之日, 須念衰老的辛酸. 入安樂之場, 當體患難人景況; 居旁觀之地,
   務悉局內人苦心」으로 전재되어 있다.

186(明前-186) 持身不可太皎潔
몸가짐에는 너무 교결하게 해서는 안 된다

몸가짐에는 너무 교결하게 해서는 안 된다.

일체의 오욕과 때묻음을 삼켜 용납할 수 있어야 한다.

남과의 관계는 너무 분명하게 해서는 안 된다.

일체의 선악과 현우賢愚를 포용할 수 있어야 한다.[682]

持身不可太皎潔, 一切污辱垢穢, 要茹納得;

與人不可太分明, 一切善惡賢愚, 要包容得.

187(明前-187) 休與小人仇讐
　　　소인과 원수 될 일을 하지 말라

소인과 원수될 일을 하지 말라.
소인에게는 그에게 상대해 줄 사람이 있다.
군자를 향하여 아첨하지 말라.
군자는 원래 사사로운 은혜를 베풂이 없다.[683]

　　休與小人仇讐, 小人自有對頭;
　　休向君子諂媚, 君子原無私惠.

【仇讐】 원수.
【諂媚(첨미)】 아첨으로 사랑을 받으려는 행동.

※《增廣賢文》(447)에 「休向君子諂媚, 君子原無私惠; 休與小人爲仇, 小人自有
　對頭」라 하였으며, 明 呂得勝의 《小兒語》에 「休與小人爲仇, 小人自有對頭」라
　하였다. 그리고 《增廣賢文》(351)의 「强中更有强中手, 惡人自有惡人磨」와 같은
　주제이다.

188(明前-188) 縱欲之病可醫
　　　방종한 욕심이라는 병은

방종한 욕심이라는 병은 고칠 수 있으나
이론에 집착한 병은 고치기 어렵다.

사물의 장애는 제거할 수 있으나
의리의 장애는 제거하기 어렵다.[789]

縱欲之病可醫, 而執理之病難醫;

事物之障可除, 而義理之障難除.

【執理之病】 이론만을 고집하는 행동의 병폐.
【義理之障】 이치로만 옳다고 주장하는 장애.

189(明前-189) 磨礪
자신을 연마하기는

자신을 연마하기는 백 번 단련되는 쇠처럼 하라.
급히 나가는 자는 깊은 수양을 얻을 수 없다.
일에 매달려서는 천 균의 큰 활을 쏘듯 하라.
가볍게 발사하는 자는 광대한 공적을 이룰 수 없다.[684]

磨礪當如百煉之金,

急就者非邃養;

施爲宜似千鈞之弩,

輕發者無宏功.

"百煉金, 千鈞弩"
篆刻 작품, 河丁
全相摹(현대)

【邃養】邃는 深과 같음. 심오한 경지에 오른 수양을 말함.

【千鈞之弩】石弩의 일종으로 천균의 힘을 들여야 쏠 수 있는 큰 활.

【宏功】아주 큰 공훈이나 공적. 국내본에는 '廣功'으로 된 것도 있음.

190(明前-190) 寧爲小人所忌毁
차라리 소인에게
시기와 헐뜯음을 당할지언정

차라리 소인에게 시기와 헐뜯음을 당할지언정
소인에게 미움과 기쁨을 받는 일은 하지 말라.
차라리 군자에게 질책을 요구받을지언정
군자에게 포용과 용서를 입지는 말라.[790]

寧爲小人所忌毁,
毋爲小人所媚悅;
寧爲君子所責備,
毋爲君子所包容.

〈담초〉

【責備】갖추기를 요구함. 질책을 받음. 국내본에는 '責修'로 잘못된 것이 있음.

191(明前-191) 好利者
이익을 좋아하는 자는

이익을 좋아하는 자는 도의의 밖으로 나서면서도 편안히 여긴다.
그러나 그 손해가 드러나기는 하나 얕다.
명예를 좋아하는 자는 도와 의리 속으로 파고 들어간다.
그러나 그 손해가 숨겨지기는 하나 깊다.[791]

好利者, 逸出於道義之外, 其害顯而淺;

好名者, 竄入於道義之中, 其害隱而深.

【逸出】〈續遺〉에는 '軼出'로 되어 있음.
【竄入(찬입)】 원본에는 '竄入'으로 되어 있음.

192(明前-192) 受人之恩
남의 은혜를 입은 자는

남의 은혜를 입은 자는 은혜가 깊건만 갚지 않는다.
그러나 원망은 얕은 것임에도 이를 갚는다.
남의 악함을 들은 자는 비록 확실한 것이 아님에도 의심한다.
그러나 착한 일은 드러날 정도로 분명한 것임에도 이를 의심한다.

이는 각박함의 지극함이요, 각박함이 더욱 더한 것이다.
마땅히 절실히 경계할지어다![792]

受人之恩, 雖深不報, 怨則淺亦報之;
聞人之惡, 雖隱不疑, 善則顯亦疑之.
此刻之極, 薄之尤也. 宜切戒之!

193(明前-193) 讒夫毁士
참부가 선비를 헐뜯어도

참부가 선비를 헐뜯어도,
이는 마치 한 조각의 구름이 해를 가리는 것 같아
머지않아 저절로 밝혀지게 된다.
아첨꾼이 남에게 아부해도,
이는 마치 틈새바람이 살갗을 파고드는 것 같아
그 자신의 손해를 깨닫지 못하게 된다.[793]

讒夫毁士, 如寸雲蔽日, 不久自明;
媚子阿人, 似隙風侵肌, 不覺其損.

【讒夫(참부)】 원본에는 '纔夫'로 되어 있으며 근거 없는 말을 퍼뜨려 남을 해친
사람이라는 뜻. '纔'를 '才'의 통가자로 볼 경우 '재주있는 사나이'의 뜻이 됨.

【寸雲蔽日】한 조각 구름이 해를 가림. 별것 아닌 상태를 말함.

【媚子阿人】〈續遺〉에는 '媚子諛人'으로 되어 있음.

【隙風侵肌(극풍침기)】틈새로 불어오는 바람이 피부로 불어옴. 느끼지는 못하나 한기를 불러온다는 뜻.

【不覺其損】〈續遺〉에는 '無疾亦損'으로 되어 있음.

194(明前-194) 山之高峻處
산이 높고 가파른 곳에는

산이 높고 가파른 곳에는 나무가 자라지 못한다.
그러나 골짜기 구불구불한 곳에는
초목이 떨기를 이루어 자라게 된다.
물이 급하게 소용돌이치는 곳에는 고기가 살지 못한다.
그러나 못을 이루어 멈추어 담긴 물에는
물고기 자라가 무리지어 모여든다.
이는 너무 고절高絶한 행동이나 너무 편급編急한 충정은,
군자로써 거듭 경계하라는 뜻이니라![794]

山之高峻處無木, 而谿谷廻環, 則草木叢生;
水之湍急處無魚, 而淵潭停蓄, 則魚鼈聚集.
　　此高絶之行, 褊急之衷, 君子重有戒焉!

【谿谷廻環】〈續遺〉에는 '溪谷回環'으로 되어 있음.

【淵潭停蓄】〈續遺〉에는 '淵潭渟蓄'으로 되어 있음.

【高絶之行】 고상하게 굴어 남을 끊어버리는 행동.
【褊急之衷(편급지충)】 급하게 치우쳐 나타나는 衷心.

195(明前-195) 建功立業者
공을 세우고 업적을 이루는 자는

공을 세우고 업적을 이루는 자는
거의가 자신을 비우고 원만히 하는 자이다.
일을 그르치고 기회를 놓치는 자는
틀림없이 고집에 집착하는 자이다.[685]

建功立業者,
多虛圓之士;
僨事失機者,
必執拗之人.

〈허선자〉

【虛圓】 빈 듯이 하여 원만히 사람을 대함.
【僨事】 일을 그르침. 僨(분)은 '넘어지다, 실패하다'의 뜻.
【執拗(집요)】 고집이 세어 어떤 일에 집착하는 것.

196(明前-196) 處世
처세에는 세속과 같이 해서는 안 되며

처세에는 세속과 같이 해서는 안 되며,
또한 세속과 달리해서도 안 된다.
일을 함에는 남이 염증을 내도록 해서는 안 되며,
또한 남이 기뻐하도록 해서도 안 된다.[795]

處世, 不宜與俗同,
　　亦不宜與俗異;
作事, 不宜令人厭,
　　亦不宜令人喜.

〈현진자〉

【不宜令人厭, 亦不宜令人喜】〈續遺〉에는「不宜令人喜, 亦不可令人憎」으로
되어 있음.

197(明前-197) 日旣暮
날이 이미 저물 때임에도

날이 이미 저물 때임에도 저녁 놀이 오히려 아름답고,
한해가 저무는 때임에도 등귤橙橘은 더욱 아름다운 향기를 낸다.

그러므로 마지막 길이나 늙은 나이에도
군자는 더욱 정신이 백 배로 표출되어야 한다.[796]

日旣暮而猶烟霞絢爛;
歲將晚而更橙橘芳馨.
故末路晚年,
君子更宜精神百倍.

【烟霞絢爛】연기나 안개가 아주 絢爛함.
【橙橘(등귤)】귤이나 오렌지 유로 날씨가 추운 세밑에 그 향기가 더욱 강하고
그 때가 제철의 향기를 냄을 뜻함.
【末路晚年】일의 끝 무렵이나 인생의 만년, 노년기.

198(明前-198) 鷹立如睡
매가 서 있는 모습은 조는 것 같고

매가 서 있는 모습은 조는 것 같고,
호랑이가 걷는 모습은 병든 것 같다.
바로 이런 것이 사람을 낚아채고 사람을 무는 수단이 있는 것이다.
그러므로 군자는 총명함을 함부로 드러내는 것이 아니며,
자신의 재주를 마구 보여주는 것이 아니다.
그래야만 어깨가 넓고 임무가 큰 역량을 가질 수 있다.[797]

鷹立如睡,
　　虎行似病,
正是他攫人噬人手段處.
故君子要聰明不露,
　　才華不逞.
繞有肩鴻任鉅的力量.

〈헌원집〉

【虎行似病】 호랑이의 걷는 모습이 비틀비틀하여 마치 병든 모습 같아 무서워
　보이지 않음을 뜻함.
【攫人噬人(확인서인)】 사람을 낚아채고 사람을 잡아먹음. 〈續遺〉에는 '攫鳥
　噬人'으로 되어 있음.
【手段處】 〈續遺〉에는 '法術' 두 글자로 되어 있음.
【肩鴻任鉅(견홍임거)】 어깨에 큰 짐을 떠멜 수 있고, 짐을 크게 질 수 있음.
　鴻은 弘과 같으며 鉅는 巨와 같음. 〈續遺〉에는 '任重道遠'으로 되어 있음.

199(明前-199) 儉美德也
검소히 하는 것은 미덕이다

검소히 하는 것은 미덕이다.
그러나 지나치면 인색해지고 비루해 져서
도리어 아름다운 도에 상처를 준다.
양보하는 것은 아름다운 행동이다.
그러나 지나치면 주공足恭이 되고 곡근曲謹이 되어
의도된 마음을 많이 드러내게 된다.[686]

儉美德也.
過則爲慳吝,
爲鄙嗇,
反傷雅道;
讓懿行也.
過則爲足恭,
爲曲謹,
多出機心.

〈학륵나존자〉

【慳吝(간린)】지극히 인색함을 말함.

【鄙嗇(비색)】비루하고 인색함.

【曲謹】자질구레한 것에 얽매임. 그러나 〈寶下〉에는 '曲禮'로 되어 있어 '자질구레한 예'의 뜻으로 하였다.

【足恭(주공)】《論語》公冶長篇에 "子曰:「巧言·令色·足恭, 左丘明恥之, 丘亦恥之. 匿怨而友其人, 左丘明恥之, 丘亦恥之.」"라 하였다. 足恭은 '주공'이라 읽으며 지나치게 자신을 낮추어 공손한 척하는 것.

※《增廣賢文》(575)에 「勤, 懿行也, 君子敏於德義, 世人則借勤發濟其貪; 儉, 美德也, 君子節於貨財, 世人則假儉以飾其吝」이라 하였다.

200(明前-200) 毋憂拂意
뜻이 고통당함을 근심하지 말라

뜻이 고통당함을 근심하지 말라.
상쾌한 마음을 즐거워하지 말라.

오랜 평안을 믿지 말라.
시작의 어려움을 꺼리지 말라.[687]

> 毋憂拂意. 毋喜快心.
> 毋恃久安. 毋憚初難.

【拂意】 자신의 뜻을 흔들어 어떠한 일을 성취시키지 못하는 것.
【初難】 처음 시작할 때의 어려움.

201(明前-201) 飮宴之樂多
술 마시고 잔치하는 즐거움을

술 마시고 잔치하는 즐거움을 많이 누리는 집안은 좋은 집이 아니다.
명성이 화려하여 대단한 것은 좋은 선비가 아니다.
명분과 지위에 대한 생각이 심한 것은 좋은 신하나 공인工人이 아니다[688]

> 飮宴之樂多, 不是個好人家;
> 聲華之習勝, 不是個好士子;
> 名位之念重, 不是個好臣工.

【臣工】 국내본에는 '臣下'로 되어 있음.

202(明前-202) 世人以心肯處爲樂
세상 사람은 마음이 허락하는 곳을

세상 사람은 마음이 허락하는 곳을 즐거움으로 삼지만
도리어 즐거운 마음에 이끌려 괴로운 곳으로 빠져들게 된다.
달인의 선비는 마음이 흔들리는 곳을 즐거움으로 삼지만
마침내 괴로운 마음을 바꾸어 즐거움이 찾아오도록 한다.[798]

世人以心肯處爲樂,
却被樂心引在苦處;
達士以心拂處爲樂,
終爲苦心換得樂來.

【以心肯處】〈續遺〉에는 '以心愜處'로 되어 있음.
【引在苦處】〈續遺〉에는 '引入苦處'로 되어 있음.
【終爲苦心】〈續遺〉에는 '終由苦心'으로 되어 있음.

203(明前-203) 居盈滿者
가득 찬 것에 거하는 자는

가득 찬 것에 거하는 자는
마치 물이 장차 넘치려 하면서 아직 넘치지 않고 있음과 같으니,

다시 한 방울을 더하는 경우를 아주 조심해야 한다.
위급함에 처한 자는
마치 나무가 장차 꺾이려 하나 아직 꺾이지 않고 있음과 같으니,
다시 한번 더 꺾으려는 힘을 가하는 경우를 아주 조심해야 한다.[799]

居盈滿者,
如水之將溢未溢,
切忌再加一滴;
處危急者,
如木之將折未折,
切忌再加一搦.

〈보리달마존자〉

【盈滿】 사물이 가득하여 더 이상 보탤 수 없음. 흔히 위험한 상황이나 욕심의
한계를 경계하는 말로 비유됨.

204(明前-204) 冷眼觀人
냉철한 눈빛으로 사람을 관찰하라

냉철한 눈빛으로 사람을 관찰하라.
냉철한 귀로 남의 말을 들어라.
냉철한 정으로 감정을 다스려라.
냉철한 마음으로 이치를 생각하라.[800]

冷眼觀人. 冷耳聽語.

冷情當感. 冷心思理.

205(明前-205) 仁人心地寬舒

어진 사람의 심지는 관대하고 편안하다

어진 사람의 심지는 관대하고 편안하다.

그리하여 복이 두텁고 경사가 길어

하는 일마다 관대하고 편안한 기상을 이루게 된다.

비루한 사람의 마음은 촉박하다.

그리하여 복은 엷고 혜택은 짧아

하는 일마다 촉박한 규모만 만나게 된다.[689]

仁人心地寬舒,

便福厚而慶長,

事事成個寬舒氣象;

鄙夫念頭迫促,

便祿薄而澤短,

事事得個迫促規模.

〈앙산혜적선사〉

【寬舒】 관대하고 너그러움.

【迫促】 '促迫'과 같음.

※ 淸 金纓의 《格言聯璧》 悖凶類(596)에는 「仁人心地寬舒, 事事有寬舒氣象,
　　故福集而慶長; 鄙夫胸懷苟刻, 事事以苟刻爲能, 故祿薄而澤短」라 함.

206(明前-206) 聞惡不可就惡
악을 들었더라도
곧바로 미워하지 말라

악을 들었더라도 곧바로 미워하지 말라.
재주 있는 자가 노기를 드러낼까 두렵다.
선을 들었더라고 급하게 친하지 말라.
간악한 사람이 다가와 그에게 끌려다닐까 두렵다.[801]

　　　聞惡不可就惡,
　　　恐爲讒夫洩怒;
　　　聞善不可急親,
　　　恐引奸人進身.

【讒夫(재부)】 국내본에는 대개 '讒夫(참부)'로 보았고, 〈續遺〉에는 '才夫'로
바꾸어 표기하였음.

207(明前-207) 性燥心粗者

성질이 조급하고 마음이 거친 자는

성질이 조급하고 마음이 거친 자는 한 가지 일도 성취하지 못한다.
마음이 화평하고 기가 평온한 자는 백 가지 복이 저절로 모여든다.[802]

性燥心粗者, 一事無成;
心和氣平者, 百福自集.

【性燥】성미가 급함. 〈續遺〉에는 '性躁'로 되어 있음.

208(明前-208) 用人不宜刻

사람을 씀에는 각박하게 하지 말라

사람을 씀에는 각박하게 하지 말라.
각박하게 하면 본받으려던 자가 떠난다.
친구 사귐에는 너무 헤프게 하지 말라.
헤프게 굴면 아첨을 바치는 자가 다가온다.[690]

用人不宜刻,
刻則思効者去;
交友不宜濫,
濫則貢諛者來.

【貢諛者(공유자)】 아첨을 바치는 자. 〈寶下〉에는 '貢腴者'로 되어 있음.

※ 《增廣賢文》(268)에 「用人不宜刻, 刻則思效者去; 交友不宜濫, 濫則貢諛者來」
  라 하였다.

209(明前-209) 風斜雨急處
바람이 비껴 불고

바람이 비껴 불고 비가 급한 곳에서는 발이 안정되게 서도록 하라.
꽃이 농염하고 버들이 아름다운 곳에서는 눈을 높이 고정하라.
위험한 길 험한 오솔길에서는 되돌아서기를 빨리 하라.[803]

風斜雨急處, 要立得脚定;
花濃柳艶處, 要着得眼高;
路危徑險處, 要回得頭早.

【風斜雨急】세상의 극변한 변화를 뜻함.

【花濃柳艶】꽃이 아름답고 버들이 고움. 花柳는 "路柳墻花, 行人易折"(길 가의 버들이나 담장 밖의 꽃은 길 가던 사람 누구나 쉽게 꺾을 수 있음)이라 하여 '花柳界'를 뜻하는 말로 쓰였음.

210(明前-210) 節義之人
절개와 의리를 내세우는 사람은

절개와 의리를 내세우는 사람은 이를 구제하되 화평과 충심으로 하여야
비로소 분쟁의 길을 열어 해소시킬 수 있다.
공과 명예를 내세우는 선비는 이를 겸손과 덕으로 받아주어야
바야흐로 질투의 문을 열어 해소시킬 수 있다.[804]

節義之人, 濟以和衷,
　繞不啓忿爭之路;
功名之士, 承以謙德,
　方不開嫉妬之門.

〈진희이〉

211(明前-211) 士大夫
사대부가

사대부가,
관직에 있을 때는 간독^{竿牘}조차도 절도 없이 해서는 안 된다.
사람들로 하여금 자신을 쉽게 볼 수 없도록 하여
요행의 단서를 막아야 한다.
향리에 살면서는 담을 너무 높이해서는 안 된다.
사람들로 하여금 쉽게 볼 수 있도록 하여
이웃의 옛 정을 돈독히 해야 한다.[805]

士大夫:
　居官, 不可竿牘無節,
　　　　要使人難見, 以杜倖端.
　居鄉, 不可崖岸太高,
　　　　要使人易見, 以敦舊好.

【竿牘】簡牘과 같음. 편지글. 이러한 사소한 것조차 조심하여 절도가 있도록 하라는 뜻.
【倖端】요행을 바라는 단서. 〈續遺本〉에는 '幸端'으로 표기되어 있음.

212(明前-212) 大人不可不畏

대인은 두려운 대상으로
여기지 않으면 안 된다

대인은 두려운 대상으로 여기지 않으면 안 된다.
대인을 두려워하면 방탕한 마음이 없어진다.
소민 역시 두려워할 필요가 없다.
소민을 두려워하면 호탕하고 자신있는 명분이 없어진다.[691]

大人不可不畏,
畏大人則無放逸之心;
小民亦不可畏,
畏小民則無豪橫之名.

【放逸之心】 방탕하여 안일하게 여기는 마음.
【豪橫之名】 호걸답게 일을 자신있게 처리하는 명분.

213(明前-213) 事稍拂逆
일이란 조금 제대로 되지 않을 때

일이란 조금 제대로 되지 않을 때
바로 나만 못한 사람을 생각하면
원망과 탓함이 저절로 사라진다.
마음은 조금 태만하고 거칠어질 때
바로 나보다 나은 사람을 떠올리면
정신이 저절로 분발하게 된다.[692]

事稍拂逆,
便思不如我的人,
則怨尤自消;
心稍怠荒,
便思勝似我的人,
則精神自奮.

〈승찬대사〉

【拂逆】 일이 흔들리고 역경을 만남.
【怠荒】 태만하고 황폐함.

214(明前-214) 不可乘喜而輕諾
즐거움에 휩쓸려

즐거움에 휩쓸려 가볍게 허락하지 말라.
술 취한 김에 화를 내는 일이 없도록 하라.
즐거움에 휩쓸려 많은 일을 꾸미지 말라.
피곤하다 하여 마무리를 대강하는 일이 없도록 하라.[693]

不可乘喜而輕諾.
不可因醉而生嗔;
不可乘快而多事.
不可因倦而鮮終.

【生嗔(생진)】〈寶下〉에는 '生瞋(생진)'으로 되어 있음.

215(明前-215) 善讀書者
글을 잘 읽는 자는

글을 잘 읽는 자는
손이 춤추고 발이 춤추는 경지에 이르러야

비로소 전제筌蹄에 빠지지 않는다.

만물을 잘 관찰하는 자는

마음이 융화되고 정신이 흡족한 때까지 볼 수 있어야

바야흐로 적상迹象에 빠지지 않게 된다.[806]

善讀書者,

要讀到手舞足蹈處,

方不落筌蹄;

善觀物者,

要觀到心融神洽時,

方不泥迹象.

〈뇌은옹〉

【手舞足蹈】 글을 읽어 감회가 너무 즐거워 스스로 손이 춤을 추고 발이 춤을
추게 됨을 깨닫지 못하는 경지. 《孟子》離婁章(上)에 "孟子曰:「仁之實, 事親
是也; 義之實, 從兄是也. 智之實, 知斯二者弗去是也; 禮之實, 節文斯二者是也;
樂之實, 樂斯二者, 樂則生矣; 生則惡可已也? 惡可已, 則不知足之蹈之·手之
舞之」라 함.

【筌蹄(전제)】 筌은 물고기를 잡는 통발. 蹄는 토끼를 잡는 바구니. '荃蹄'와
같음. 《莊子》外物篇에 "荃者所以在魚, 得魚而忘荃; 蹄者所以在兎, 得兎而
忘蹄; 言者所以在意, 得意而忘言. 吾安得夫忘言之人而與之言哉!"라 함.

【心融神洽】 마음이 融化되고 정신이 洽浹한 상태가 됨.

【迹象(적상)】 진실이 아닌 자취의 흔적으로 나타난 현상.

【泥(니)】 진흙의 늪에 빠지듯이 헤어나오지 못하거나 얽매임.

216(明前-216) 天賢一人以誨衆人之愚
하늘은 한 사람을 어질게 하여

하늘은 한 사람을 어질게 하여 여러 사람의 우매함을 깨우치건만
세상은 도리어 자신의 뛰어난 것을 높여 남의 단점을 드러내기에 바쁘다.
하늘은 한 사람을 부유하게 하여 여러 사람의 빈곤을 구제해주건만
세상은 도리어 자신의 가진 것을 끼고 남의 가난을 능멸한다.
이러한 자는 진실로 하늘이 죽여 없애야 할 육민戮民이로다![807]

天賢一人以誨衆人之愚,
　　　而世反逞所長, 以形人之短;
天富一人以濟衆人之困,
　　　而世反挾所有, 以凌人之貧.
　　眞天之戮民哉!

【反逞所長】 "도리어 그 장점을 드러내어"라는 뜻. 〈續遺〉에는 '反逞所其畏'로
　되어 있으며 아래의 '反挾所有'도 '反挾所其有'로 되어 있음.
【凌人之貧】 남의 가난함을 능멸함. 〈續遺〉에는 '陵人之貧'으로 되어 있음.
【戮民】 하늘로부터 버림을 받은 사람.《莊子》大宗師篇에 "孔子曰:「丘, 天之
　戮民也. 雖然, 吾與汝共之」"라 함.

217(明前-217) 至人何思何慮?
　　　　지극한 사람이 무엇을 생각하고

지극한 사람이 무엇을 생각하고 무엇을 염려할 것이 있겠는가?
우인愚人은 앎識도 없고 알지도 못한다.
이 둘은 가히 더불어 학문을 논하고 가히 더불어 공을 세울 수 있다.
오직 중간 재주의 사람은
흔히 자신이 사려도 있고 지식도 있다고 해서
곧 억탁億度하고 의심함이 많으니
일마다 함께 손을 잡고 착수하기가 어렵다.[808]

至人何思何慮?
　愚人不識不知,
　　可與論學,
　　亦可與建功.
　　唯中才的人:
　多一番思慮知識;
　便多一番億度淸疑,
　　事事難與下手.

〈마자연〉

【億度淸疑(억탁청의)】 '億度猜疑'(억탁시의)의 오기임. 억측으로 생각하고 자기
　나름대로 생각하여 의심함. 〈續遺〉에는 '臆度猜疑'로 되어 있음.
【下手】 일을 시작함. 일에 착수함. 한편 이 구절의 '與下手'는 〈續遺〉에는
　'於下手'로 되어 있음.

218(明前-218) 口乃心之門
입은 곧 마음의 문이니

입은 곧 마음의 문이니,
입을 지키기를 엄밀히 하지 않으면
진실한 기미를 모두 누설하게 된다.
뜻은 곧 마음의 발이니,
뜻을 방비하기를 엄하게 하지 않으면
사악한 길로 모든 발이 그리로 내닫는다.[809]

口乃心之門,
　守口不密,
　洩盡眞機;
意乃心之足,
　防意不嚴,
　走盡邪蹊.

〈파조타화상〉

【眞機】 본연의 진실한 기밀이나 작용.
【邪蹊(사혜)】 사악한 지름길.

219(明前-219) 責人者
사람을 책함에는

사람을 책함에는
원래 허물이 있다 해도 그 속에서 허물이 없음을 원칙으로 삼으면
감정이 평온해진다.
자신을 책함에는
허물없는 속에 허물이 있음을 찾아보면
덕이 진전될 것이다.[810]

責人者,
原無過於有過之中,
則情平;
責己者,
求有過於無過之內,
則德進.

〈도신대사〉

220(明前-220) 子弟者大人之胚胎
자제子弟란 대인의 배태胚胎이며

자제子弟란 대인의 배태胚胎이며
수재秀才는 사대부의 배태이다.
이러한 때에 화력火力이 닿게 해 주지 않으면
풀무와 용광로가 순수한 쇠를 만들어내지 못한다.
그렇게 되면 뒷날 세상을 섭렵하여 조정에 섬에
끝내 영기令器로 성공하기 어렵다.[811]

子弟者大人之胚胎;
秀才者士夫之胚胎.
此時若火力不到, 陶鑄不純.
他日涉世立朝, 終難成個令器.

【子弟】〈續遺〉에는 '赤子'로 되어 있음.
【胚胎】씨앗의 배아나 동물의 태. 여기서는 어떠한 사물의 바탕이나 시작.
【陶鑄】그릇 굽는 일과 쇠를 鑄物하는 일.
【令器】뛰어난 인재로서의 자질. 큰 인물.

※〈續遺〉에는 앞부분이 「赤子者, 大人之胚胎; 秀才者, 宰相之基礎」로 되어 있음.

221(明前-221) 君子
군자는

군자는
환난에 처하여도 근심하지 아니하며,
잔치와 놀이에 당하여도 조심하고 염려한다.
권세 호걸을 만나도 두려워하지 아니하며,
불쌍한 사람을 대함에도 놀란 마음(동정)을 갖는다.[812]

君子:
　　處患難而不憂,
　　當宴遊而惕慮;
　　遇權豪而不懼,
　　對惸獨而驚心.

〈장자양〉

【惕慮(척려)】 조심하여 사려깊게 행동함. 〈續遺〉에는 '惕厲'로 되어 있음.
【權豪】 권세가나 부귀를 누리는 사람.
【惸獨(경독)】 고독(고아나 독신)을 불쌍히 여김.
【驚心】 놀라는 마음, 그러나 여기서는 동정심을 나타냄을 뜻함.

※ 〈續遺〉에는 「君子, 處患難而不憂, 當宴游而益加惕厲; 遇權豪而不懼, 對惸獨
而反若驚心」으로 되어 있다.

222(明前-222) 桃李雖艶
복숭아 오얏꽃이 비록 농염하다 해도

복숭아 오얏꽃이 비록 농염하다 해도
어찌 송백의 푸른 굳셈만 하겠으며,
배와 살구가 비록 달다 해도
어찌 등귤橙橘의 누렇고 푸른 향기만 하겠는가?
미덥도다!
짙으나 일찍 사라짐이 담담하면서 오래가는 것에 미치지 못하고,
일찍 빼어난 것이 늦게 이룸만 못하도다![813]

桃李雖艶,

何如松蒼栢翠之堅貞?

梨杏雖甘,

何如橙黃橘綠之馨冽?

信乎!

濃夭不及淡久,

早秀不如晚成也!

【松蒼栢翠】소나무 잣나무가 언제나 푸르고 빛남을 뜻함.
【堅貞】견고하며 곧은 모습.
【橙黃橘綠】귤 종류가 가을이 되어도 더욱 노랗게 익으면서 잎은 푸르게
　싱싱함을 비유함. 〈續遺本〉에는 「橘綠橙黃」으로 되어 있음.

【馨冽】 향내가 짙음.

【濃夭】 일찍 짙고 진하나 일찍 죽어 사라짐. 桃李를 비유함.

【早秀】 일찍 다른 것보다 빼어남. 梨杏을 비유함.

※ 국내 번역본은 전편의 끝장(225번호로 하였음)을 「風恬浪靜中, 見人生之眞境;
　　味淡聲希處, 識心體之本然」으로 하였으나 〈明刻本〉에는 이 구절이 043번에
　　순서를 잡고 있음.

"松蒼栢翠" 篆刻 작품, 河丁 全相摹(현대)

Ⅱ. 후집後集

〈明刻本(續修四庫全書)〉 洪自誠(撰)
총 140장

菜根譚後集

選初道人洪自誠著
覺迷居士汪乾初校

譚山林之樂者未必真得山林之趣厭名利之
譚者未必盡忘名利之情

釣水逸事也尚持生殺之柄奕棋清戲也且動
戰爭之心可見喜事不如省事之為適多能
不若無能之全真

鶯花茂而山濃谷艷總是乾坤之幻境水木落
而石瘦崖枯纔見天地之真吾

歲月本長而忙者自促天地本寬而鄙者自隘
風花雪月本閒而勞攘者自冗

浮趣不在多盆池拳石間烟霞具足會景不在
遠蓬窗竹屋下風月自賒

聽靜夜之鐘聲喚醒夢中之夢觀澄潭之月影
窺見身外之身

鳥語虫聲總是傳心之訣花英草色無非見道
之文學者要天機清徹胸次玲瓏觸物皆有
會心處

人解讀有字書不解讀無字書知彈有絃琴不
知彈無絃琴以迹用不以神用何以得琴書
之趣

心無物欲即是秋空霽海座有琴書便成石室
丹丘

賓朋雲集劇飲淋漓樂矣俄而漏盡燭殘香銷
茗冷不覺反成嘔咽令人索然無味天下事
率類此人奈何不早回頭也

會得個中趣五湖之烟月盡入寸裏破得眼前
機千古之英雄盡歸掌握

山河大地已屬微塵而況塵中之塵血肉身軀
且歸泡影而況影外之影非上上智無了了
心

《菜根譚》後集〈續修四庫全書〉子部 雜家類

223(明後-1) 譚山林之樂者

산림의 즐거움을 말하는 자라고 해서

산림의 즐거움을 말하는 자라고 해서
산림의 정취를 진실로 모두 얻은 사람이라 할 수 없고,
명리의 화제를 싫어하는 자라고 해서
명리의 정을 모두 잊었다고는 할 수 없다.[815]

> 譚山林之樂者, 未必眞得山林之趣;
> 厭名利之譚者, 未必盡忘名利之情.

【山林之趣】자연에 은거하고 싶어하는 逸趣. 한편 '譚山林之樂者'는 〈續遺〉
에는 '羨山林之樂者'로 되어 있음.
【名利之情】세속의 명예와 이익에 대한 미련이나 욕구. 한편 〈續遺〉에는
'譚'자가 '談'으로 되어 있음.

224(明後-2) 釣水逸事也

낚시는 즐길 만한 일이지만

낚시는 즐길 만한 일이지만
오히려 살리고 죽이는 자루를 쥐고 있는 것이며,

바둑과 장기는 맑은 놀이이기는 하지만
그래도 싸우고 다투는 마음을 발동시킨다.
즐거운 일이란 일을 그러한 즐거움조차
덜어버리는 것만큼 적당한 것이 없으며,
능력이 많음은 무능하면서 참됨을
온전히 지켜내는 것만한 것이 없음을 알겠도다.[694]

釣水逸事也, 尚持生殺之柄;
奕棋清戲也, 且動戰爭之心.
可見喜事不如省事之爲適;
多能不若無能之全眞.

【全眞】 진실한 본연의 모습을 온전히 지킴.

225(明後-3) 鶯花茂
꾀꼬리 울고 꽃이 무성하여

꾀꼬리 울고 꽃이 무성하여 산과 골짜기가 아름다우나
모두가 하늘과 땅의 환영幻影의 경지일 뿐이다.
물이 마르고 나무가 떨어져 돌은 드러나고 벼랑이 말라야
비로소 천지가 본래 참모습임을 보여준다.[816]

鶯花茂而山濃谷艶, 總是乾坤之幻境;

水木落而石瘦崖枯, 纔見天地之眞吾.

【山濃谷艶】〈續遺〉에는 '谷艶山濃'으로 되어 있음.
【幻境】본래 모습이 아닌 허상으로 나타난 경계. 幻影의 모습.
【石瘦崖枯(석수애고)】〈續遺〉에는 '崖枯水瘦'로 되어 있음.
【眞吾】진실한 나. 본래의 각자 참 모습. 본체.

226(明後-4) 歲月本長
세월은 본래 장구한 것이건만

세월은 본래 장구한 것이건만 바쁜 자는 스스로 재촉하고
천지는 본래 넉넉한 것이건만 비루한 자는 스스로 막혀 있다.
바람과 꽃, 눈과 달은 본래 한가한 것이건만
노고롭기만 하고 악착스러운 자는 스스로 번거롭다 여긴다.[817]

歲月本長, 而忙者自促;

天地本寬, 而鄙者自隘;

風花雪月本閒, 而勞攘者自冗.

【雪月本閒】〈續遺〉에는 '雪月自閑'으로 되어 있음.

【勞攘】힘써 노력하고 빼앗고 하여 욕구를 채우려는 것.
【自冗(자용)】스스로 번거롭게 여김. 헛된 일이라 여김. 헛된 일을 저지름.

227(明後-5) 得趣不在多
취미를 누리는 것은 많은 데에 있지 않다

취미를 누리는 것은 많은 데에 있지 않다.
화분을 못으로 여기며 주먹만한 돌로 즐겨도
그 사이에 안개의 멋진 풍경이 모두 갖추어져 있다.
아름다운 경치를 즐김은 먼 곳에 있지 않다.
봉창과 대나무 집 아래만 해도
풍월의 멋을 외상으로 살 수 있다.[818]

得趣不在多, 盆池拳石間, 烟霞具足;

會景不在遠, 蓬窓竹屋下, 風月自賒.

【盆池拳石】화분 크기 만한 아주 작은 연못이나 주먹만한 돌.
【烟霞】자연의 연기와 안개의 아름다운 풍경. 煙霞와 같음. 한편 이 구절은
〈續遺〉에는 '烟霞自足'으로 되어 있음.
【會景】〈續遺〉에는 '會心'으로 되어 있음.
【自賒(자사)】자연 풍경은 스스로 외상으로 사람에게 누리도록 펼쳐 보임을
뜻함.
※ 본 장은 〈寶上〉167(529)의 구절과 매우 유사하다.

228(明後-6) 聽靜夜之鍾聲
고요한 밤의 종소리를 듣고

고요한 밤의 종소리를 듣고
꿈속의 꿈에서 깨어나며,
맑은 연못의 달 그림자를 보고
내 몸 밖의 몸을 살펴보도다.[695]

聽靜夜之鍾聲,
喚醒夢中之夢;
觀澄潭之月影,
窺見身外之身.

李卓吾

〈이비체〉

229(明後-7) 鳥語虫聲
새소리 벌레소리는

새소리 벌레소리는 모두가 마음을 전하는 비결이요,
꽃 모습과 풀 색깔은 도를 보여주는 문장이 아님이 없다.
배우는 자는 천기天機가 맑고 투명해야 하며,
가슴에 품은 뜻이 영롱해야 하며,
접촉하는 만물마다 모두 회심會心의 장소로 삼음이 있어야 한다.[696]

鳥語虫聲, 總是傳心之訣;

花英草色, 無非見道之文.

　　學者要天機淸徹,

胸次玲瓏, 觸物皆有會心處.

【胸次】가슴에 품은 정회.
【會心】마음에 깨달음. 마음으로 알아차림.

230(明後-8) 人解讀有字書
사람은 글씨로 쓰인 책은 해독하면서

사람은 글씨로 쓰인 책은 해독하면서
글씨 없이 쓰인 책은 해독하지 못하고,
줄 있는 거문고는 튕길 줄 알면서
줄 없는 거문고는 튕길 줄 모른다.
흔적 있는 것만 쓸 줄 알고 신명으로는 할 줄 모르니
어찌 거문고나 책의 취의趣意를 얻을 수 있겠는가?[697]

人解讀有字書, 不解讀無字書;

知彈有絃琴, 不知彈無絃琴.

以迹用, 不以神用,

何以得琴書之趣?

【絃琴】〈寶下〉에는 모두 '弦琴'으로 되어 있어 거문고의 활이 없음을 뜻하는
  것으로 보았다.
【琴書之趣】〈寶下〉에는 '琴書佳趣'로 되어 있음.

231(明後-9) 心無物欲
마음에 물욕이 없는 것

마음에 물욕이 없는 것,
이것이 곧 가을 하늘, 구름 없는 바다요,
앉은 자리에 거문고와 책이 있어 즐기는 것,
이것이 곧 석실, 단구丹丘로다.[819]

心無物欲,
　即是秋空霽海;
　　座有琴書,
　　　便成石室丹丘.

〈귀원자〉

【秋空霽海】맑고 높은 가을 하늘과 구름없이 갠 바다의 광활한 모습.
  〈續遺〉에는 「便成霽海秋空」으로 되어 있음.
【石室丹丘】석실은 신선들이 도를 닦는 암혈, 단구는 신선들이 사는 곳을 상
  징하는 말. 〈續遺〉에는 「即是丹丘石室」로 되어 있음.

232(明後-10) 賓朋雲集
빈객과 친구가 운집하여

빈객과 친구가 운집하여 흐드러지게 마시며 즐김을 다하였으나,
갑자기 물시계 물이 다하고 촛불이 가물거리며
향기는 사라지고 차맛도 냉랭하구나.
모르는 사이에 도리어 구토거리로 변하여
사람들에게 쓸쓸히 맛을 잃게 하는구나.
천하의 일이란 모두가 이와 같으니
사람들은 어찌 얼른 머리를 돌리지 않는고?[820]

賓朋雲集, 劇飲淋漓樂矣.
俄而漏盡燭殘, 香銷茗冷,
不覺反成嘔咽, 令人索然無味.
天下事率類此, 人奈何不早回頭也?

【淋漓】 흐드러지게 흐르는 모습. 쌍성어.
【漏盡燭殘】 옛날 물시계(漏)의 물이 다하여 일이 끝났음을 뜻하며 등잔의
심지가 다하여 시간이 늦었음을 뜻함. 罷場 분위기를 가리킴.

233(明後-11) 會得個中趣
사물 속의 일취를 터득하여

사물 속의 일취를 터득하여 얻으면
오호五湖의 풍경도 모두가 마음 속에 다 들어올 것이요,
눈앞의 기미를 간파하면
천고의 영웅도 모두가 내 손 안에 들어올 것이다.[821]

> 會得個中趣, 五湖之烟月, 盡入寸裡;
> 破得眼前機, 千古之英雄, 盡歸掌握.

【五湖】 중국의 큰 호수 다섯. 흔히 洞庭湖, 鄱陽湖, 丹陽湖, 太湖, 靑草湖를
  들고 있음.
【寸裡】 마음 속.

234(明後-12) 山河大地
산하 대지도 이미 티끌먼지에 속하거늘

산하 대지도 이미 티끌먼지에 속하거늘
하물며 티끌 속의 티끌임에랴!

혈육의 신체도 오히려 물거품의 그림자일 뿐이거늘
하물며 그림자 밖의 그림자임에랴!
상상上上의 지혜가 아니면 밝고 밝은 마음이 없는 것이다.[698]

山河大地, 已屬微塵, 而況塵中之塵!

血肉身軀, 且歸泡影, 而況影外之影!

非上上智, 無了了心.

【泡影】 거품과 그림자. 진실한 본체가 아님을 뜻한다.《金剛經》應化非眞分에
「一體有爲法, 如夢幻泡影.」이라 하였다.

【上上】 아주 뛰어남을 뜻함.

【了了】 밝히 아는 것. '了'는 '瞭'와 같다. 佛敎의 「以明心見性」과 같다.

※《增廣賢文》(084)에 「血肉身軀且歸泡影, 何論影外之影; 山河大地尙屬微塵,
而況塵中之塵?」이라 하였다. 그리고 같은《增廣賢文》(127)에는 「非上上智,
無了了心」이라 하였다.

235(明後-13) 石火光中
돌이 부딪쳐 나는 빛의

돌이 부딪쳐 나는 빛의 시간을 다투니 장단이 비교된들
그 순간이 그 얼마나 된다고 그러는가?
달팽이 뿔 위에 자웅을 다투니 자웅이 가려진들
얼마쯤 되는 세상 크기라고 그러는가?[699]

石火光中, 爭長競短, 幾何光陰?

蝸牛角上, 較雌論雄, 許大世界?

【石火】 돌이나 부싯돌이 부딪칠 때 나는 아주 짧은 불꽃. 매우 짧은 시간을
비유함.

【蝸牛】 달팽이. 아주 좁은 공간을 비유함. 《莊子》 則陽篇에 "惠子聞之而見
戴晉人. 戴晉人曰:「有所謂蝸者, 君知之乎?」曰:「然.」「有國於蝸之左角者
曰觸氏, 有國於蝸之右角者曰蠻氏, 時相與爭地而戰, 伏尸數萬, 逐北旬有五日
而後反」"이라 함.

※《增廣賢文》(483)에「蝸牛角上校雌雄, 石火光中爭長短.」이라 하였다. 이는
白居易의 〈對酒〉 시에「蝸牛角上爭何思, 石火光中寄此身. 隨富隨貧且歡樂,
不開口笑是痴人」이라 하여 여기에서 유래되었다. 《邵氏見聞錄》(16)에는「蝸牛
角上爭閑事, 石火光中寄此身」이라 하였다.

236(明後-14) 寒燈無焰
차가운 등잔불에 불꽃이 없고

차가운 등잔불에 불꽃이 없고 낡은 갖옷에 따스함이 없음은
광경을 즐길 줄 모르기 때문이요,
몸이 마른 나무 같고 마음이 식은 잿불 같다 함은
완고한 공空에 추락함을 면하지 못한 것이다.[822]

寒燈無焰, 敝裘無溫, 總是播弄光景;
身如槁木, 心似死灰, 不免墮在頑空.

【播弄】 원래 '장난감으로 여겨 가지고 놀다'의 뜻. 여기서는 '즐기다'의 뜻.
【槁木】 '枯木', '槁木'과 같음.
【頑空】 완고하여 모든 것이 실질이 없음을 가리킴.

※ 본 구절은 〈續遺〉에는 "寒燈無焰, 敝裘無溫, 不失本來面目; 心似死灰, 身如
   枯木, 未免墮落頑空"으로 되어 있다.

237(明後-15) 人肯當下休
사람이 기꺼이 남의 아래에 쉬려면

사람이 기꺼이 남의 아래에 쉬려면
곧 그 아래를 밝히 알아야 한다.
만약 쉴 곳을 찾고자 한다면
장가들고 시집가기를 마쳤다 해도
할 일은 아직도 얼마든지 남아 있다.
차라리 스님이 되는 것이 좋다하나
마음이 역시 밝아진 것이 아니다.
옛사람들이 말하였다.
"지금 쉬고자 한다면 바로 쉬어라.
만약 깨닫고 나서 시간을 찾아 쉬겠다고 한다면
깨달을 시간이 없으리라."
아주 뛰어난 견해로다.[823]

人肯當下休, 便當下了.

若要尋個歇處則婚嫁雖完, 事亦不少.

僧道雖好, 心亦不了.

前人云:

「如今休去便休去,

若覓了時無了時.」

見之卓矣.

【如今休去】〈續遺〉에는 '如令休去'로 되어 있음.

238(明後-16) 從冷視熱

냉랭한 것으로부터 열정을 본 연후에야

냉랭한 것으로부터 열정을 본 연후에야
열정 속에서 분주히 내달렸던 것이 무익한 것이었음을 알게 되고,
번거로움에서 한가한 쪽으로 들어가 본 연후에야
한가한 가운데의 자미滋味가 가장 좋았음을 깨닫게 된다.[824]

從冷視熱, 然後知熱處之奔馳無益;

從冗入閒, 然後覺閒中之滋味最長.

【終冷視熱】〈續遺〉에는 '終冷視熱人'으로 되어 있음.

【終冗入閒】〈續遺〉에는 '終冗入閑境'으로 되어 있음. '冗'(용)은 번거롭게
여기는 것.

【滋味】홀륭한 맛.

239(明後-17) 有浮雲富貴之風
부귀를 뜬구름으로 여기는 풍류가 있으되

부귀를 뜬구름으로 여기는 풍류가 있으되
그렇다고 꼭 암서혈처巖棲穴處이어야 하는 것은 아니다.
고황천석膏肓泉石의 괴벽함이 없더라도
항상 술과 시에 취할 수는 있어야 한다.
다툼과 쫓음은 남의 말을 들어주면 그만,
모든 사람이 취했다고 혐의 둘 일도 없고,
염담은 자신의 뜻대로 하면 그만,
자신 홀로 깨어 있다고 자랑할 것도 없다.
이것이 불교에서 말한 바
"법에 얽매임도 없고,
공空에 얽매임도 없다"라는 것이다.
몸과 마음 두 가지가 자유자재한 경지이다.[700, 701]

有浮雲富貴之風, 而不必巖棲穴處;

無膏肓泉石之癖, 而常自醉酒耽詩.

競逐聽人, 而不嫌盡醉;

恬淡適己, 而不誇獨醒.

此釋氏所謂:

「不爲法纏,

不爲空纏.」

身心兩自在者.

【嚴棲穴處】 세상을 등지고 은거하여 사는 사람을 뜻함. 흔히 고고한 은자를 가리킴.

【膏肓泉石(고황천석)】 원래 고황(膏肓, 원본은 膏盲으로 잘못 판각되어 있음)은 횡경막 아래 부위를 가리키며 여기에 병이 들면 고칠 수 없다 함. 이를 비유하여 자연에 대한 집착이 지극히 심함을 일컫는 말로 쓰이고 있음. 《世說新語》文學篇에「衛玠總角時問樂令'夢', 樂云是'想'. 衛曰: '形神所不接而夢, 豈是想邪?'樂云: '因也. 未嘗夢乘車入鼠穴, 擣齏噉鐵杵; 皆無想無因故也.'衛思'因'經月不得, 遂成病. 樂聞, 故命駕爲剖析之; 衛病卽小差. 樂歎曰: '此兒胸中, 當必無膏肓之疾!'」이라 하였음.

【醉酒耽詩】 술을 즐기고 시 감상이나 짓기에 빠지는 풍류.

【盡醉, 獨醒】 屈原의 〈漁夫辭〉에「擧世皆濁, 我獨淸; 衆人皆醉, 我獨醒」이라 하였음.

※ 국내 번역본은 모두가「競逐聽人, 而不嫌盡醉; 恬淡適己, 而不誇獨醒. 此釋氏所謂: '不爲法纏, 不爲空纏.'身心兩自在者」를 별개의 장으로 나누어 18번으로 하였으나 〈明刻本〉에 의하여 함께 묶었다. 그러나 〈寶下〉와 〈學林出版社〉본에는 별개의 장으로 나누어져 있다. 한편 《格言聯璧》持躬類(224)에는「寵辱不驚, 肝木自寧; 動靜以敬, 心火自定; 飮食有節, 脾土不洩; 調息寡言, 肺金自全; 恬淡寡欲, 腎水自足」이라 함.

240(明後-18) 延促由於一念
시간의 길고 짧음에 대한 인식

시간의 길고 짧음에 대한 인식은 자신의 생각에서 말미암는 것이요,
관대하다 협착하다 함은 자신의 한 마디 마음에 매인 것이다.
그러므로 마음의 기틀이 한가한 자는
하루가 천고보다 길다고 여유를 갖게 되고,
뜻이 광대한 자는
좁은 집도 넓기가 천지 사이처럼 여기게 된다.[702]

延促由於一念,
寬窄係之寸心.
故機閒者, 一日遙於千古;
意廣者, 斗室寬若兩間.

【延促】연은 시간이 길게 느끼는 것, 촉은 시간이 너무 빠르다고 여기는 것.
【寬窄】넓게 여기는 것과 좁다고 여기는 것.
【機閒】마음의 기틀을 한가롭게 여김.
【斗室】아주 좁은 집. 누추한 오막살이.
【意廣者, 斗室寬若兩間】〈寶下〉에는「意寬者, 斗室廣於兩間」으로 되어 있음.

241(明後-19) 損之又損
덜어내고 또 덜어내어라

덜어내고 또 덜어내어라.
꽃을 심고 대나무를 길러도 오유선생烏有先生에게 다 돌려주는 것이니라.
가히 잊을 수 없음을 잊어라.
향을 피우고 차를 끓여도 끝내 백의동자白衣童子에게 묻지도 않는다.[825]

損之又損, 栽花種竹, 儘交還烏有先生;
忘無可忘, 焚香煮茗, 總不問白衣童子.

【損之又損】《老子》48장에 「爲學日益, 爲道日損. 損之又損, 以至於無爲.」라
하였음.
【儘交還】〈續遺〉에는 '盡交還'으로 되어 있음.
【烏有先生】"無"를 뜻함. 漢나라 때 司馬相如의 〈子虛賦〉에 가설하여 세운
"없다"는 뜻을 가진 세 인물, 즉 子虛, 亡是公, 烏有先生 중의 하나로 烏有는
"어찌 있으리오"의 없음에 대한 반어법으로 이름을 정하였음.
【焚香煮茗】〈續遺〉에는 '煮茗焚香'으로 되어 있음.
【白衣童子】陶淵明의 고사에서 비롯된 것으로 王弘을 가리킴. 도연명이 9월
9일 동쪽 울타리 아래에서 국화꽃을 따서 술이 떨어졌음을 안타까워하고
있을 때, 흰옷을 입은 젊은이(왕홍)가 술을 가지고 나타나 함께 마시며 즐겼
다는 일화를 빗댄 것이다. 오유선생의 일과 백의 동자를 들어 설명한 본 장은
결국 아무런 실상이 없으니 담박하게 살라는 뜻을 나타낸 것으로 보인다.

242(明後-20) 都來眼前事
나에게 다가오는 눈앞의 모든 일에 대하여

나에게 다가오는 눈앞의 모든 일에 대하여 족함을 아는 자는,
선경仙境에 사는 것이며
이를 모르는 자는 범속한 세상에 사는 것이다.
나타나는 모든 것의 세상 인연에 대하여 이를 잘 활용하는 자는
마음의 기틀이 생겨나게 하는 것이요,
이를 잘 활용하지 못하는 자는 마음의 기틀을 죽게 하는 것이다.[703]

都來眼前事,
　知足者仙境,
　不知足者凡境;
　　總出世上因,
　善用者生機,
不善用者殺機.

〈백옥섬〉

【仙境】속계에 상대되는 선인의 경지. 경계.
【凡境】범속한 이 세상에 묻혀 사는 것을 뜻함.
【生機】만물을 살려내는 기밀, 작용.
【殺機】세상 만물을 죽이는 기밀, 작용.

243(明後-21) 趨炎附勢之禍

불꽃에 달려가 세력에 아부하다가

불꽃에 달려가 세력에 아부하다가 얻는 재앙은
심히 참혹하고 역시 심히 빠르게 나타난다.
염담에 살며 일취逸趣하는 맛은
가장 담담하면서 역시 가장 오래간다.[704]

趨炎附勢之禍, 甚慘亦甚速;
棲恬守逸之味, 最淡亦最長.

【趨炎附勢】 불꽃에 달려드는 부나비와 세력에 아부하는 사람.
【棲恬守逸(서염수일)】 염담(恬淡)하게 살며 은일을 지킴.

244(明後-22) 松澗邊

소나무 샛길로 지팡이 짚고

소나무 사잇길로 지팡이 짚고 홀로 거닐다가
멈추어 섰더니 떨어져 기운 옷에서 구름이 생겨나고,
대나무 창문 아래에서 책을 베고 높이 누웠다가
잠에서 깨어나니 달빛이 낡아 한기寒氣 도는 담요를 적셔오누나.[826]

松澗邊, 携杖獨行, 立處雲生破衲;

竹窓下, 枕書高臥, 覺時月浸寒氈.

【雲生破衲(운생파납)】 구름이 헐어 해어진 장삼에서 피어남. 자연과 합일됨을
뜻함.
【月浸寒氈(월침한전)】 달빛이 낡아 해어진 담요, 깔개를 파고 듦. 빈한하나
한적한 생활을 뜻함.

245(明後-23) 色慾火熾
색욕이 불꽃처럼 치열하여도

색욕이 불꽃처럼 치열하여도 그 일념이 병든 때에 이르면
문득 그 흥도 식은 잿불처럼 차가워진다.
명리가 엿처럼 달콤하여도 그 한 생각이 죽음에 이르면
문득 그 맛이 밀납을 씹는 것처럼 싫어지고 만다.
그러므로 항상 죽고 병이 들었을 때처럼 근심하고 염려하면
역시 환업幻業을 소멸하고 도심道心을 기를 수 있다.[705]

色慾火熾, 而一念及病時, 便興似寒灰;

名利飴甘, 而一想到死地, 便味如嚼蠟.

故人常憂死慮病,

亦可消幻業而長道心.

【色慾】〈寶下〉에는 '色欲'으로 되어 있음.
【寒灰】차가운 잿불.
【嚼蠟(작랍)】초를 씹음. 매우 껄끄럽고 텁텁한 상태를 뜻함.
【幻業】모두 헛된 환상의 일들.

246(明後-24) 爭先的徑路窄
누가 먼저인가 다투는 오솔길은 좁다

누가 먼저인가 다투는 오솔길은 좁다.
한발 물러서 보니 저절로 한 걸음만큼 넓어지누나.
농염한 재미란 금방 사라지는 것,
한 푼만큼 청담하게 해보니 저절로 그 한 푼만큼 유장悠長해지누나.[706]

爭先的徑路窄, 退後一步, 自寬平一步;
濃艶的滋味短, 淸淡一分, 自悠長一分.

247(明後-25) 忙處不亂性
바쁜 가운데 성품을 어지럽히지 않으려면

바쁜 가운데 성품을 어지럽히지 않으려면
모름지기 한가한 가운데에 심신 기르기를 맑게 할 것이며,

죽음에 이르러 마음이 움직이지 않으려면
모름지기 살았을 때 사물에 대하여 보기를 간파하여야 한다.[827]

忙處不亂性, 須閒處心神養得淸;
死時不動心, 須生時事物看得破.

248(明後-26) 隱逸林中
숲 속에 은둔하면

숲 속에 은둔하면 영욕榮辱이 없고,
노상에서 도의를 실천하면 염량炎凉이 없다.[707]

隱逸林中無榮辱,
道義路上無炎凉.

【炎凉】세태의 차고 더운 변화를 뜻함.
【無炎凉】〈寶下〉에는 '泯炎凉'으로 되어 있음.

※《增廣賢文》(385)에 「隱逸林中無榮辱, 道義路上泯炎凉」이라 하였다.

249(明後-27) 熱不必除
열기는 모두 꼭 제거할 필요는 없으나

열기는 모두 꼭 제거할 필요는 없으나
이 뜨거운 번뇌를 없애면
몸이 항상 청량한 누대 위에 있으리라.
궁함은 가히 보낼 수는 없지만
이 궁하다는 근심을 버리고 나면
마음은 항상 안락한 움집 안에 있게 되리라.[828]

熱不必除,
而除此熱惱,
身常在淸凉臺上;
窮不可遣,
而遣此窮愁,
心常居安樂窩中.

〈막월정〉

【除此熱惱】〈續遺〉에는 '熱惱須除'로 되어 있음.

【淸凉臺】 맑은 바람이 불어 상쾌함을 느끼게 하는 누대.

【遣此窮愁】〈續遺〉에는 '窮愁要遣'으로 되어 있음.

【安樂窩(안락와)】 좁으나 편안하고 즐거움을 느끼는 움집.

※ 淸 金纓의 《格言聯璧》惠吉類(546)에도 「熱不可除, 而熱惱可除, 秋在淸凉臺上;
窮不可遣, 而窮愁可遣, 春生安樂窩中」라 하여 전재되어 있음.

250(明後-28) 進步處
한 걸음 진보하는 곳에서

한 걸음 진보하는 곳에서
물러설 때를 생각하면
촉번觸藩의 화를 면할 수 있을 것이요,
일을 시작하는 때에
먼저 그 일을 그만둘 때를 생각해야
기호騎虎의 위험에서 벗어날 수 있다.[708]

〈진니환〉

進步處,
便思退步,
庶免觸藩之禍;
着手時,
先圖放手,
纔脫騎虎之危.

【觸藩之禍(촉번지화)】 양이 울타리에 뿔이 걸려 벗어나지 못하는 상태.《周易》
大壯卦 九三의 爻辭에 「小人用壯, 君子用罔, 貞厲; 羝羊觸藩. 羸其角」이라
하였고, 上六의 효사에는 「羝羊觸藩, 不能退, 不能遂, 无攸利, 艱則吉」이라
하였음.
【騎虎之危】 호랑이를 타고 내리지 못하는 상태.

※《增廣賢文》(507)에 「進步便思退步, 着手先圖放手」라 하였다.

251(明後-29) 貪得者
얻기를 탐하는 자는

얻기를 탐하는 자는
황금을 나누어주어도 옥을 얻지 못함을 한스러워하고,
공公의 높은 작위를 봉해도 후侯를 받지 못함을 원망한다.
이러한 자는 권세 높은 호걸임에도 스스로 거지노릇을 감수한다.
족함을 아는 자는
거친 콩잎국도 고량진미보다 달게 여기며,
베옷도 여우털 외투보다 따뜻이 여긴다.
이러한 자들은 백성에 소속됨을 왕공에게 양보하려 들지 않는다.[709]

貪得者, 分金恨不得玉,
　　　封公怨不受侯, 權豪自甘乞丐;
　知足者, 藜羹旨於膏粱,
　　　布袍煖於狐貉, 編民不讓王公.

【封公】 높은 관직이나 제후에 봉해짐. '封公怨不受侯'가 〈寶下〉에는 '封侯怨
　不受公'으로 되어 있음.
【狐貉(호학)】 여우나 담비 가죽으로 만든 아주 따뜻하고 좋은 옷. 布袍에 상대
　하여 쓴 말.
【膏粱】 기름진 음식과 좋은 밥. 원본에는 '膏粱'으로 잘못 판각되어 있음.

252(明後-30) 矜名
이름을 자랑함은

이름을 자랑함은 이름을 숨기는 것을 일취逸趣로 여김만 못하다.
일에 숙련함이 어찌 일을 덜어내는 한가함만 하겠는가?[710]

> 矜名, 不若逃名趣;
> 練事, 何如省事閒?

【省事閒】〈寶下〉에는 '省事閑'으로 되어 있음.

253(明後-31) 嗜寂者
적요함을 좋아하는

적요함을 좋아하는 자는
흰 구름, 그윽한 돌을 보고도 현묘함에 통달하지만,
영화를 쫓는 자는
 좋은 노래 훌륭한 춤을 보아야 권태를 잊는다.
오직 자득한 선비만이
시끄러움도 적요함도 없고,
영화나 쇠락함에도 관심이 없어,
가는 곳마다 자유자적하는 하늘이 아님이 없다.[829]

嗜寂者, 觀白雲幽石而通玄;

趨榮者, 見淸歌妙舞而忘倦.

唯自得之士:

無喧寂,

無榮枯,

無往非自適之天.

254(明後-32) 孤雲出岫
외로운 구름 한 조각

외로운 구름 한 조각 산의 굴에서 나오되
떠나고 머묾에 대하여 어떤 매임도 없도다.
맑은 거울달이 공중에 걸려 있되
고요하고 시끄러움에 대하여 아무런 간섭을 느끼지 않도다.[711]

孤雲出岫, 去留一無所係;

朗鏡懸空, 靜躁兩不相干.

【出岫(출수)】 구름이 산 귀퉁이에서 솟아오름. 한가함을 뜻함. 陶淵明의
〈歸去來辭〉에 「雲無心以出岫, 鳥倦飛以知還」이라 하였다.
【懸空朗鏡】 허공에 걸려 있는 밝은 달. 달을 상징하여 표현한 말.
【靜躁】 조용함과 그에 상대되는 시끄러움. 喧寂과 같음. 그러나《增廣賢文》
에는 '妍醜'로 되어있다.

※《增廣賢文》(328)에 「出岫孤雲, 去來一無所繫; 懸空朗鏡, 妍醜兩不相干」이라
　　하였으며, 같은《昔時賢文》(별본)에는 「流水下灘非有意, 白雲出岫本無心」
　　이라는 구절이 있어 뜻이 다르다.

255(明後-33) 悠長之趣
유장悠長한 일취는

유장悠長한 일취는 잘 익은 데에서 얻을 수 있는 것이 아니라
콩을 씹고 물을 마시는 데에서 얻어진다.
추창惆悵한 회포는 너무 메마르고 적적한 데에서 생겨나는 것이 아니라
대나무를 품평하고 악기를 조절하는 데에서 생겨난다.
진실로 짙은 것은 맛이 항상 짧게 끝나는 것이요,
담담한 가운데의 일취가 홀로 참됨을 알겠도다.[830]

悠長之趣, 不得於醲釅, 而得於啜菽飲水;
惆悵之懷, 不生於枯寂, 而生於品竹調絲.
固知濃處味常短, 淡中趣獨眞也.

【醞釀(농염)】술이 익듯이 어떠한 일이 발효되어 익음을 뜻함.

【啜菽飲水(철숙음수)】콩잎을 먹고 물을 마심. 가난하나 한적한 생활을 비유함.
〈續遺〉에는 '啜菽飲水之餘'로 되어 있으며 아래의 '品竹調絲'도 '品菽調絲之候'
로 되어 있음.

【惆悵(추창)】마음이 쓸쓸하여 슬픔을 느낌. 여기서는 그러한 한적함을 즐기는
것으로 여김을 뜻함.

【枯寂】메마를 정도로 한적함.

【品竹調絲】竹(대나무로 만든 竹管樂器)과 絲(絃樂器)는 모두 음악을 가리킴.
이 음악을 품평하고 조율함을 낙으로 삼음.

256(明後-34) 禪宗曰
선종禪宗에

선종禪宗에 "배고프면 밥을 먹고, 권태로우면 잠을 잔다"라 하였다.
시지詩旨에 "눈앞에 펼쳐진 경치는 입으로 말하면 된다"라 하였다.
대체로 지극히 높은 경지란 지극히 평범함에 붙여주면 되는 것이요,
지극한 어려움은 지극히 쉬운 곳에서 나오는 것이다.
뜻을 가진 자는 도리어 멀어지고,
무심히 대하는 자는 저절로 가까이 다가갈 수 있는 것이다.[831]

禪宗曰:「饑來喫飯, 倦來眠.」

詩旨曰:「眼前景致, 口頭語.」

蓋極高寓於極平,
至難出於至易.
有意者反遠,
無心者自近也.

【禪宗】불교의 한 종파로 以心傳心의 묘법으로 坐禪에 의하여 자신을 깨닫
고자 하는 방법을 택함. 남조 梁나라 武帝 때 達磨大師에 의하여 전해졌음.
그러나 위의 글은 王陽明(王守仁)이 한 말로 알려져 있음.
【詩旨】詩의 妙旨를 설명한 글. 구체적으로는 알 수 없음.

257(明後-35) 水流
물이 흘러도

물이 흘러도 그 곁의 땅은 소리를 내지 아니한다.
시끄러운 곳에서 고요의 일취를 볼 수 있도다.
산이 높아도 구름은 장애를 받지 아니한다.
솟아남이 있는 곳에 없는 기기機氣가 들어감을 깨닫도다.[832]

水流而境無聲, 得處喧見寂之趣;
山高而雲不碍, 悟出有入無之機.

【水流而境無聲】〈續遺〉에는 '水流而石無聲'으로 되어 있음.

258(明後-36) 山林是勝地
산림은 경치 좋은 곳이다

산림은 경치 좋은 곳이다.
그러나 일단 잘 꾸미겠다고 연연하게 되면
시장이나 조정처럼 시끄러운 곳이 되고 만다.
글씨와 그림은 아름다운 예술의 일이다.
그러나 일단 여기에 정신을 잃고 집착하게 되면
장사꾼이 되고 만다.
대체로 마음에 물이 들지 않으면
이 욕계欲界가 바로 선계가 되는 것이요,
마음에 얽매임이나 연연함이 있으면
낙원도 고해가 되고 마는 법이다.[712]

山林是勝地, 一營戀便成市朝;

書畫是雅事, 一貪痴便成商賈.

蓋心無染着, 欲界是仙都,

　心有係戀, 樂境成苦海矣.

【市朝】 시장이나 조정. 사람들이 이익과 명예를 위하여 모여드는 곳.
【商賈(상고)】 이익을 목적으로 하는 장사.
【欲界】 불교에서 이 세상 현세를 일컫는 말. 〈寶下〉에는 '欲境'으로 되어 있음.
【係戀】 매어서 연연해함. 얽매여 끊어버리지 못함을 뜻함. 〈寶下〉에는 '係牽'
　으로 되어 있음.
【樂境成苦海矣】 〈寶下〉에는 「樂境成悲地」로 되어 있음.

※《增廣賢文》(343)에「書畫是雅事, 一貪癡便成商賈; 山林是勝地, 一營戀便成
　市朝」라 하였으며,《收藏》總論에「收藏書畫是雅事, 原似雲煙過眼, 可以過而
　不留. 若一貪戀, 便生賈劊之心, 變雅爲俗矣」라 하였다.

259(明後-37) 時當喧雜
때에 따라
시끄럽고 복잡한 경우를 당하면

때에 따라 시끄럽고 복잡한 경우를 당하면
평소 기억한 것도 모두 만연히 잊고 만다.
경우에 따라 청녕淸寧한 속에 있으면
잠깐 사이에 잊었던 것도 다시 황홀하게 앞에 나타난다.
가히 조용함과 시끄러움이 조금만 나뉘어도,
어두움과 밝음은 심히 다름을 알겠도다.[713]

　時當喧雜, 則平日所記憶者, 皆漫然忘去;
　境在淸寧, 則夙昔所遺忘者, 又恍爾現前.
　　　　　可見靜躁稍分, 昏明頓異也.

【喧雜(훤잡)】 시끄럽고 복잡함.
【夙昔(숙석)】 아주 짧은 시간. 쌍성어.
【頓異】 뚜렷하게 다름. 확연히 차이가 남.〈寶下〉에는「昏明頓異也」에서 '也'
　자가 없음.

260(明後-38) 蘆花被下
갈대꽃을 솜 대신 넣은 이불에다가

갈대꽃을 솜 대신 넣은 이불에다가 눈 위에 누워 구름을 덮고 잘지라도
하나의 좁은 굴속에 밤의 찬 기운을 견뎌낼 수 있고,
대나무 잔에 바람을 읊고 달을 희롱할지라도
만 길의 이 홍진 세상을 피하여 떠날 수 있다.[714]

蘆花被下, 臥雪眠雲, 保全得一窩夜氣;
竹葉杯中, 吟風弄月, 躱離了萬丈紅塵.

【蘆花被(여화피)】 '蘆花被'의 오기. 솜 대신 갈대의 꽃을 넣어 부풀린 이불.
'蘆花'는 꼭두서니의 꽃임. 〈寶下〉에는 '蘆花被下'가 '蘆花被裡'로 되어 있음.
【紅塵】 부귀에 연연하여 경쟁이나 각축이 심한 티끌 세상. 인간의 속세.

261(明後-39) 袞冕行中
높은 벼슬로 길 가다가

높은 벼슬로 길 가다가 여장藜杖을 짚은 산사람에게 끼어 있으면
문득 그 고상한 풍모가 돋보이지만,

어부나 나무꾼이 길 가다가 고관의 조정 선비와 함께 하면
도리어 그 속기俗氣가 더해져 보인다.
진실로 짙은 것은 담백한 것을 이기지 못하고,
속됨은 전아함에 비교되지 않음을 알겠도다.[833]

衮冕行中, 着一藜杖的山人, 便增一段高風;

漁樵路上, 着一衮衣的朝士, 轉添許多俗氣.

固知濃不勝淡, 俗不如雅也.

【衮冕(곤면)】衮은 임금이나 높은 벼슬을 가진 자의 옷. 冕은 귀족이나 고관의
모자.
【着一藜杖的山人】〈續遺〉에는 「著一個山人藜杖」으로 되어 있음.
【藜杖】명아주 대궁으로 만든 지팡이. 가난한 늙은이를 뜻함.
【漁樵】고기잡이 하는 사람이나 나무꾼.
【着一衮衣的朝士】〈續遺〉에는 「來一個朝士華衣」로 되어 있음.

262(明後-40) 出世之道
세상에서 벗어나는 길이란

세상에서 벗어나는 길이란 바로 이 세상을 건너는 가운데에 있느니,
반드시 인간 관계를 끊고 세상을 도망해야 하는 것은 아니다.
마음을 밝게 하는 공부란 바로 내 마음을 다하는 데에 있느니,
반드시 욕정을 끊고 마음을 없애야 하는 것은 아니다.[715]

出世之道, 卽在涉世中, 不必絶人以逃世;
了心之功, 卽在盡心內, 不必絶欲以灰心.

【出世】 구체적으로 보이는 세상을 벗어나 자신을 객관화하는 것.
【逃世】 속세를 도망하여 자연 속에 사는 것.
【了心】 마음을 밝힘. 了는 瞭와 같음.
【灰心】 모든 것을 灰塵시키고자 하는 마음.

263(明後-41) 此身常放在閒處
내 몸을 항상 한가한 곳에

내 몸을 항상 한가한 곳에 있도록 놔두면
영욕과 득실을 그 누가 나에게 보내주겠는가?
내 마음을 항상 고요한 곳에 편히 놔두면
시비와 이해를 그 누가 능히 나를 속이고 어둡게 할 수 있겠는가?[716]

此身常放在閒處, 榮辱得失, 誰能差遣我?
此心常安在靜中, 是非利害, 誰能瞞昧我?

【差遣】 파견하여 보내줌.
【瞞昧】 속여 몽매하게 함.

264(明後-42) 竹籬下, 忽聞犬吠鷄鳴

　　　대나무 울타리 아래에서
　　　홀연히 개 짖는 소리 닭 우는 소리

대나무 울타리 아래에서 홀연히 개 짖는 소리 닭 우는 소리를 들으니
황홀하기가 마치 구름 속의 세계에 있는 듯하고,
서재의 창문 안에서 고요히 매미 우는 소리 까마귀 우는 소리를 들으니
바야흐로 정적 속의 천지를 알겠도다.[834]

　竹籬下, 忽聞犬吠鷄鳴, 恍似雲中世界;
　芸窓中, 雅聽蟬吟鴉噪, 方知靜裡乾坤.

【雲中世界】〈續遺〉에는 「雪中世界」로 되어 있음.
【芸窓(운창)】서재. 공부하는 방.
【雅聽蟬吟鴉噪】〈續遺〉에는 「偶聽蟬吟燕語」로 되어 있음.

265(明後-43) 我不希榮

　　　내 영화를 바라지 않으니

내 영화를 바라지 않으니
어찌 이록利祿의 향기 나는 미끼를 근심할 일이 있겠는가?

내 나가기를 다투지 않으니
어찌 벼슬길의 위험한 기틀을 두려워할 경우가 있겠는가?[717]

我不希榮, 何憂乎利祿之香餌?
我不競進, 何畏乎士宦之危機?

【香餌(향이)】 향기로운 미끼.
【士宦】 '仕宦'과 같음. 지나치게 짙거나 강한 상태. 국내본에는 '土官', '仕官'
등으로 잘못 되어 있음. 〈寶下〉에는 '仕宦'으로 되어 있음.

266(明後-44) 徜徉於山林泉石之間
산림 천석泉石의 사이를 어슬렁거리니

산림 천석泉石의 사이를 어슬렁거리니 티끌 마음이 점차 사라지고,
시서 도화 안에서 즐거움을 찾으니 속된 기가 잠잠히 사그러지도다.
그러므로 군자는 비록 물건을 감상하느라 뜻을 상실하지는 않지만
역시 항상 경우를 빌려 마음을 고르게 하여야 한다.[835]

徜徉於山林泉石之間, 而塵心漸息;
夷猶於詩書圖畫之內, 而俗氣潛消.
故君子雖不玩物喪志,
亦常借境調心.

【徜徉(상양)】 소요함. 근심 없이 한가하게 거닐음. 첩운어.

【山林泉石】 자연을 뜻함.

【塵心漸息】 티끌 세상에 대한 미련이나 욕구, 번잡한 생각이 점점 사라짐.
〈續遺〉에는 '塵心自息'으로 되어 있음.

【夷猶】 마음을 비우고 편안히 대함. 優游自適과 같음. 쌍성어.

【詩書圖畫】〈續遺〉에는 '圖畫詩書'로 되어 있음.

【玩物喪志】 외물을 즐기느라 진실한 본래의 의지를 잃음. 《尙書》旅獒篇에
「玩人喪德, 玩物喪志. 志以道寧, 言以道接. 不作無益害有益, 功乃成.」이라 함.

【借境調心】 이러한 경계를 빌려 자신의 진실한 본심을 조절함.

267(明後-45) 春日氣象繁華
봄날의 기운과 번화함은

봄날의 기운과 번화함은 사람의 마음을 들뜨게 한다.
그러나 가을날 흰 구름과 맑은 바람, 그리고 난초 향기, 계수나무 향내에
물과 하늘이 한 색깔이요, 천지가 환함이
사람의 정신과 육체를 모두 청량하게 하는 것만은 못하다.[836]

春日氣象繁華, 令人心神駘蕩.
不若秋日雲白風淸, 蘭芳桂馥,
水天一色, 上下空明,
使人神骨俱淸也.

【駘蕩(태탕)】 기대나 환희로 마음이 들뜨는 상태. 쌍성어.
【秋日雲白風淸】 〈續遺〉에는 「秋時雲白烟淸」으로 되어 있음.
【神骨】 정신과 육체.

268(明後-46) 一字不識
글자 한 자 모르면서

글자 한 자 모르면서 시의 詩意를 가진 것이
시인의 참된 시상을 얻은 것이요,
하나의 게 偈에도 참여하지 못하면서 선미 禪味를 가진 것이
선교의 현묘한 기미를 깨닫는 것이다.[837]

一字不識,
而有詩意者,
得詩家眞趣;
一偈不參,
而有禪味者,
悟禪敎玄機.

〈마옥〉

【詩家眞趣】 시인의 흥취. 시상, 혹은 시를 감상하는 맛.
【偈(게)】 불가에서 득도하거나 도를 깨우쳐 부르는 시나 노래.
【禪敎玄機】 선교의 현묘한 기미.

269(明後-47) 機重的
기가 무거우면 활 그림자를 보고

기가 무거우면 활 그림자를 보고 뱀이 아닌가 의심하게 되고
누운 바위를 보고 엎드린 호랑이라 여기게 된다.
이러한 속에 혼란은 기를 죽였기 때문이다.
생각이 식으면 돌로 만든 호랑이도 바다 갈매기로 여길 수 있으며
개구리 소리도 음악소리로 삼을 수 있다.
이는 접촉하는 것마다 모두 진기眞機가 드러나 보이기 때문이다.[838]

機重的, 弓影疑爲蛇蝎,
　　　　寢石視爲伏虎, 此中渾是殺氣;
念息的, 石虎可作海鷗,
　　　　蛙聲可當鼓吹, 觸處俱見眞機.

【機重】 다른 본에는 '機動'으로 되어 있음. 〈續遺〉에는 '機重的'이 '機動者'로
　　되어 있음.
【伏虎】 돌을 호랑이가 누워 있는 것으로 착각함. 《西京雜記》 권5에 「李廣
　　與兄弟共獵於冥山之北, 見臥虎焉. 射之, 一矢卽斃. 斷其髑髏以爲枕, 示服
　　猛也」라 하였고, 《搜神記》 권11에 「楚熊渠子夜行, 見寢石, 以爲伏虎, 彎弓
　　射之, 沒金鍛羽. 下視, 知其石也」라 하였으며, 그 외에 《史記》 卷 109. 李將軍
　　列傳. 《漢書》 卷 54. 李廣傳 등에도 널리 실려 있음.
【鼓吹】 북소리나 피리 소리. 여기서는 아름다운 음악을 뜻함.
※ 〈續遺〉에는 「機動者, 寢石視爲伏虎, 弓影疑爲長蛇, 此中渾是殺氣; 念息的, 人手
　　可狎海鷗, 蛙聲可當鼓吹, 觸處俱見眞機」로 되어 있어 훨씬 구체적이며 의미가
　　순통함.

270(明後-48) 身如不繫之舟
마음이 마치 매이지 않은 배와 같으니

마음이 마치 매이지 않은 배와 같으니
떠가는 대로 맡겨두면 그만이요,
마음은 이미 재로 변한 나무와 같으니
어찌 칼로 베고 향을 바르는 것을 느끼기나 하겠는가?[839]

身如不繫之舟, 一任流行坎止;
心似旣灰之木, 何妨刀割香塗?

【坎止(감지)】 움푹 팬 곳이나 물이 머무르는 곳. 매이지 아니한 배는 그러한
　자연의 생김대로 맞추어 떠 흘러감을 뜻함.
【刀割香塗】 죽은 나무를 베어 여러 용도에 쓰기도 하고 조각하여 향을 발라
　가구나 조형물을 만듦.

271(明後-49) 人情
사람의 정이란

사람의 정이란 꾀꼬리 소리를 들으면 기뻐하고,
개구리 울음을 들으면 싫어한다.

꽃을 보면 이를 북돋워 주고 싶어하고
잡초를 보면 이를 뽑아 없애고자 한다.
모두가 형태의 기로써 일을 이용하고자 하는 것이로다.
그러나 만약 하늘의 천성으로 이를 본다면
그 어느 것이 천기를 울음으로 표현하는 것이 아니겠으며
어느 것이 그 살고자 하는 뜻을 펴 보이는 것이 아니겠는가?[840]

人情聽鶯啼則喜,
　聞蛙鳴則厭.
　見花則思培之,
　遇草則欲去之.
　俱是以形氣用事.
　若以性天視之,
何者非自鳴其天機,
　非自暢其生意也?

〈석가모니불〉

【鳴其天機】〈續遺〉에는 '鳴其天籟'로 되어 있음.
【非自暢其生意也】〈續遺〉에는「自暢其生意也」로 '非'자가 없음.

272(明後-50) 髮落齒踈
머리가 빠지고 이가 성글어도

머리가 빠지고 이가 성글어도
이를 헛된 육신의 사그러짐에 맡기고,
새가 울고 꽃이 웃어도
이를 자신들의 성품의 진실된 모습으로 여기도다.[841]

> 髮落齒踈, 任幻形之彫謝;
> 鳥吟花唉, 識自性之眞如.

【髮落齒踈(발락치소)】〈續遺〉에는 '髮禿齒疏'로 되어 있음.
【幻形】실질이 아닌 환영의 형태, 육신을 뜻함.
【彫謝】'彫'는 잎이 조락하는 것이며, '謝'는 꽃이 시들어지는 것을 뜻함. 〈續遺〉
　에는 '雕謝'로 되어 있음.
【眞如】진실한 본체. 정신과 도의 원체. '自性之眞如'는 〈續遺〉에는 '本性之
　眞如'로 되어 있음.

273(明後-51) 欲其中者
그 가운데에 있으면서도

그 가운데에 있으면서도 욕심을 부리는 자는

차가운 못에 끓는 파도를 일으켜 산림에 묻혀도
그 고요함을 알지 못한다.
그 가운데에 있으면서도 자신을 비우는 자는
더운 여름에 시원한 바람이 생겨나 조정이나 시장에 있어도
시끄럽게 여기지 않는 것과 같다.[842]

　欲其中者, 波沸寒潭, 山林不見其寂;
　虛其中者, 凉生酷暑, 朝市不如其喧.

274(明後-52) 多藏者厚亡
많이 저장한 자는

많이 저장한 자는 그만큼 많이 잃게 마련이니,
그러므로 부유함이란 가난한 자의 걱정 없음만 못함을 알겠도다.
높이 걷는 자는 그만큼 넘어지기도 빠르니
그러므로 존귀함이란 천한 자의 늘 평안함만 못함을 알겠도다.[718]

　多藏者厚亡, 故知富不如貧之無慮;
　高步者疾顚, 故知貴不如賤之常安.

【多藏者厚亡·高步者疾顚】〈寶下〉에는 「多藏厚亡·高步疾顚」으로 되어 있음.

275(明後-53) 讀易曉窓
새벽 창문 아래에서

새벽 창문 아래에서 주역周易을 읽고,
소나무 사이의 이슬을 받아 붉은 먹을 갈도다.
한낮 책상에서 경학經學을 담론하고
대나무 아래 바람에 풍경 소리를 듣도다.[843]

> 讀易曉窓, 丹砂研松間之露;
>
> 譚經午案, 寶磬宣竹下之風.

【讀易】《周易》을 읽음. 옛날 魏晉 시대 이래로 三玄學이라 하여 《周易》,
《老子》,《莊子》를 玄學의 기본 독서물로 여겼음. 한편 唐 高騈의 〈步虛詞〉에
「洞門深鎖碧窓寒, 滴露研朱點周易」이라 하였음.
【丹砂】硃墨(朱墨), 붉은 색의 먹.
【譚經午案】〈續遺〉에는 「談經午案」으로 되어 있음.
【寶磬(보경)】좋은 소리를 내는 풍경(風磬).

276(明後-54) 花居盆內
꽃이 화분에 있으면

꽃이 화분에 있으면 끝내 생기生機가 부족하고,

새가 새장 안에 있으면 곧 하늘의 나는 일취逸趣가 감소되고 만다.
그러므로 산 속의 꽃과 새들이
서로 모여 무늬를 이루고
날아올라 자약하면서
이로부터 유연히 마음대로 묘미를 느낌만 같지 못하다.[844]

花居盆內, 終乏生機;
鳥入籠中, 便減天趣.
不若山間花鳥, 錯集成文.
翶翔自若, 自是悠然會心.

【錯集成文】서로 얽히고 모여 무늬를 이룸. 〈續遺〉에는 「交錯成文」으로
되어 있음.
【自是悠然會心】〈續遺〉에는 「無不悠然會心」으로 되어 있음.

277(明後-55) 世人
세상 사람들은

세상 사람들은 단지 인연으로 나我라는 글자를 태진太眞으로 인식한다.
그러므로 흔히 많은 기호를 심고 많은 번뇌를 심게 된다.
옛사람은 "더 이상 내가 있음을 알지 못하는데
어찌 만물의 귀함을 알리오?"라 하였고

다시 "이 몸이 내가 아닌데
번뇌가 다시 어찌 나를 침범하리오?"라 하였으니,
진실로 멋지게 갈파한 말이로다.[719]

世人只緣認得我字太眞.
故多種種嗜好, 種種煩惱.
前人云:「不復知有我, 安知物爲貴?」
又云:「知身不是我, 煩惱更何侵?」
眞破的之言也.

【太眞】 우주의 근본 이유. 나(我) 자신을 소우주로 보아 그 존재를 궁구함.
【煩惱】 인간의 뇌리 속에 자리잡고 있는 온갖 고민과 생각.

278(明後-56) 自老視少
늙음의 눈으로 젊은이를 보면

늙음의 눈으로 젊은이를 보면
바삐 내닫고 각축하는 마음을 사라지게 할 수 있고,
병들고 나약해졌을 때 영화로움을 보면
얽히고 설킨 화려함에 대한 염원을 끊어버릴 수 있다.[845]

自老視少, 可以消奔馳角逐之心;

自瘁視榮, 可以絶紛華靡麗之念.

【奔馳角逐(분치각축)】 이리저리 내닫고 서로 경쟁을 하며 세상을 다툼.
【自瘁視榮(자췌시영)】 〈續遺〉에는 「在瘁視榮」으로 되어 있음.
【紛華靡麗(분화미려)】 화려하게 꾸민 것과 부귀영화를 누리는 것. 〈續遺〉에
   는 「靡麗紛華」로 되어 있음.

279(明後-57) 人情世態
인정과 세태는

인정과 세태는 갑작스러운 온갖 발단이 있으니
너무 진실된 것만을 알고자 하지 말아야 한다.
요부邵雍는 이렇게 말하였다.
"지난 날 나라고 주장하던 것이 지금은 도리어 저 사람의 주장이 맞고,
오늘 나라고 하던 것이 다시 나중에는 누구의 주장에 속할꼬?"
사람은 항상 이러한 관점으로 보아야
흉중에 덮어씌운 멍에를 벗어버릴 수 있는 것이다.[720]

人情世態, 倏忽萬端, 不宜認得太眞.

堯夫云:「昔日所云我, 而今却是伊.

不知今日我, 又屬後來誰?」

人常作是觀, 便可解却胸中冐矣.

【堯夫】 北宋의 대표적인 성리학자 邵雍(1011~1077). 百源學派의 영수이며 자는
　堯夫, 호는 安樂先生, 시호는 康節,《先天圖》,《皇極經世》,《觀物篇》등을
　남김.
【冐(견)】 덮어씌움.

280(明後-58) 熱鬧中
왁자지껄한 속에서

왁자지껄한 속에서 하나의 냉철한 눈을 가지면
허다한 고심의 생각을 덜 수 있다.
냉랭한 곳에서 하나의 열정의 마음을 보존하면
곧 허다한 진취眞趣의 맛을 얻을 수 있다.[846]

熱鬧中, 着一冷眼, 便省許多苦心思;
冷落處, 存一熱心, 便得許多眞趣味.

【熱鬧(열료)】 시끄러움. 지금은 백화어로 '번화하고 왁자지껄하다'의 뜻으로
　널리 쓰임.
【冷落】 쓸쓸함. 쌍성어.
※《格言聯璧》持躬類(138)에 "熱鬧榮華之境, 一過輒生凄凉; 淸眞冷淡之爲,
　歷久愈有意味."라 함.

281(明後-59) 有一樂境界
하나의 즐거운 경계가 있으면

하나의 즐거운 경계가 있으면
곧 하나의 즐겁지 않은 일을 상대로 가설하여 대할 것이요,
하나의 좋은 광경이 있으면
곧 하나의 좋지 않은 것을 상대로 가설하여 이를 없앨 것이니라.
다만 일상으로 먹은 집에서의 밥과
지위는 없으나 그에 맞게 펼쳐진 풍광이
바로 하나의 안락한 둥지니라.[721]

有一樂境界, 就有一不樂的相對待;
有一好光景, 就有一不好的相乘除.
只是尋常家飯, 素位風光,
纔是個安樂的窩巢.

【乘除】 없애버림.
【素位】 아무런 벼슬이 없음.
【窩巢(와소)】 짐승의 움막이나 새의 둥지. 여기서는 고대광실의 상대되는 말로 쓴 것.

282(明後-60) 簾櫳高敞
염롱簾櫳을 높이 걷어올리니

염롱簾櫳을 높이 걷어올리니
청산록수가 구름과 안개를 토해내는 모습이 보이는구나.
이를 통해 천지의 자재自在함을 알겠도다.
대나무가 서로 무성해지니
어린 제비와 우는 비둘기가 절기를 보내고 맞는구나.
이를 통해 만물과 나의 존재 두 가지를 다 잊음을 알겠도다.[847]

簾櫳高敞,
看青山綠水吞吐雲烟,
識乾坤之自在;
竹樹扶疎,
任乳燕鳴鳩送迎時序,
知物我之兩忘.

〈위백양〉

【簾櫳高敞(염롱고창)】 '발이나 창살이 많은 창문을 높이 올려 열다'의 뜻. 시원하게 바깥 풍경을 구경함을 말함. '簾櫳'은 쌍성어의 물명.
【竹樹扶疎】 대나무가 무성해지기 시작함. 扶疎는 '성근 것을 꽉차게 메우다'의 뜻.
【物我兩忘】 외물과 나 자신을 모두 잊음. 염담(恬淡)한 경지를 말함.

283(明後-61) 知成之必敗
　이루어진 것은 반드시 패하고 만다

이루어진 것은 반드시 패하고 만다는 것을 알고 나면,
이루고자 하는 마음을 꼭 그렇게 견고히 가질 필요가 없고,
태어난 자 반드시 죽는다는 것을 알고 나면,
삶의 도를 보존함에 꼭 그렇게 지나치게 노고롭게 할 필요가 없다.[722]

　知成之必敗, 則求成之心, 不必太堅;
　知生之必死, 則保生之道, 不必過勞.

284(明後-62) 古德云
　고덕古德에 말하였다

고덕古德에 말하였다.
"대나무 그림자가 계단을 쓰나 먼지는 움직이지 아니하고,
달이 못 물을 뚫고 들어가나 물에는 흔적이 없구나."
우리 유가에서는 이렇게 말하였다.
"물이 급한 세력에 맡기되 근처 지역은 항상 조용하고,
꽃이 자주 떨어질지라도 뜻은 스스로 한가하다."
뜻은 항상 이러한 뜻을 지니고 있으면서
사물을 응접하니
심신이 그 얼마나 자재自在로운고?[848]

古德云:「竹影掃階塵不動,

月輪穿沼水無痕.」

吾儒云:「水流任急境常靜,

花落雖頻意自閑.」

人常持此意,

以應事接物,

身心何等自在?

【古德】 옛날 덕이 높은 고승을 말하는 것으로 보이나 구체적으로는 알 수 없음.

【吾儒】 자신이 살고 있는 중국의 전통적인 儒家를 뜻함.

285(明後-63) 林間松韻
숲 속의 소나무 운치와

숲 속의 소나무 운치와 바위 위의 샘물 소리는
고요한 가운데에 들려오니, 이것이 천지 자연의 명패鳴佩임을 알 수 있고,
초원 아득히 피어오르는 안개 빛과 물 속의 구름 그림자를
한가한 중에 훑어보니, 이것이 건곤의 최상의 문장임을 알 수 있도다[849]

林間松韻, 石上泉聲,

靜裡聽來, 識天地自然鳴佩;

草際烟光, 水心雲影,

　　閑中觀去, 見乾坤最上文章.

【鳴佩(명패)】자연 본래의 울음소리와 자연이 차고 있는 풍경, 모습. 자연
풍광을 뜻함.
【閑中觀去】〈續遺〉에는 「閑中觀出」로 되어 있음.
【最上文章】〈續遺〉에는 「最妙文章」으로 되어 있음.

286(明後-64) 眼看西晉之荊榛
눈으로 서진西晉의 화려함이

눈으로 서진西晉의 화려함이 형진荊榛으로 변한 것을 보고서도
오히려 흰 칼날을 자랑하는구나.
내 몸이 북망北邙의 여우나 토끼의 굴이 될 것임에도
오히려 황금을 아까워하도다.
옛말에 이렇게 말하였다.
"맹수는 쉽게 복종시킬 수 있으나 사람 마음은 항복받기 어렵고,
골짜기는 쉽게 가득 채울 수 있으나 사람의 마음은 가득 채우기 어렵다."
진실로 그렇도다![723]

　　眼看西晉之荊榛, 猶矜白刃;

　　身屬北邙之狐兔, 尚惜黃金.

語云:「猛獸易伏, 人心難降;
　　　　谿壑易滿, 人心難滿.」
信哉!

【西晉之荊榛】화려하던 西晉(洛陽)이 망할 것임을 미리 예측한 索靖이라는
사람이 宮門의 구리로 만든 駱駝像을 보고 "모두가 荊榛(굴싸리나무와 개암
나무가 무성함)으로 변하고 말겠구나"라고 탄식한 말에서 온 것으로 아무리
화려한 것도 當代일 뿐 결국 황량하게 변하고 만다는 세월무상을 말한 것임.
【北邙之狐兎】아무리 권세가도 죽어 北邙(낙양 교외에 있는 고관의 공동
묘지)에 묻히면 여우나 토끼의 굴로 변하고 만다는 것을 비유한 것임.
【谿壑易滿(계학이만)】아무리 깊은 계곡이나 골짜기라도 물을 가득 채울 수
있으나 사람의 좁은 몸체의 욕망은 채울 수 없음을 뜻함. 〈寶下〉에는 '溪壑
易塡'으로 되어 있음.
※《增廣賢文》(478)에 「溪壑易塡, 人心難滿」라 하였으며,《明心寶鑑》省心篇에
「太公曰: "人心難滿, 谿壑易盈"」이라 하였다. 그리고.《北齊書》幼主紀 論에는
「虐人害物, 搏噬無厭, 賣獄鬻官, 溪壑難塡.」이라 하였으며《幼學瓊林》人事篇
에는「欲心難厭如溪壑, 才物易盡若漏巵」라 하였다.

287(明後-65) 心地上無風濤
마음의 바탕에 풍파가 없으면

마음의 바탕에 풍파가 없으면
하는 일마다 모두가 청산녹수青山綠水요,
성품의 천지에 화육의 기운이 있으면
만나는 곳마다 모두가 어약연비魚躍鳶飛로다.[724]

心地上無風濤, 隨在皆青山綠水;

性天中有化育, 觸處見魚躍鳶飛.

【青山綠水】〈寶下〉에는 '青山綠樹'로 되어 있음.

【魚躍鳶飛(어약연비)】《詩經》大雅 旱麓의 구절로 세상 모든 것이 각자
　열심히 움직이는 풍경을 표현한 것임. 〈寶下〉에는 이 구절이 「觸處都魚躍
　鳶飛」로 되어 있음.

※ 清 金纓의《格言聯璧》惠吉類(543)에도 「心地上無波濤, 隨在皆風恬浪靜; 性
　天中有化育, 觸處見魚躍鳶飛」라 하여 전재되어 있음.

288(明後-66) 峨冠大帶之士
높은 관에
큰 띠를 두른 존귀한 선비라도

높은 관에 큰 띠를 두른 존귀한 선비라도 어느 하루아침에,
낡은 도롱이 삿갓 쓰고 표표연하게 편안함을 즐기는 자를 보면
마음이 동하여 부러워하지 않을 자가 없고,
넓은 자리에 긴 좌석을 자랑하는 호걸도 어느 하루아침에,
거친 발에 깨끗한 책상에 앉아 유유연하게 고요를 즐기는 자를 만나면
자신도 그렇게 하고 싶은 충동을 느끼지 않을 자가 없을 것이다.
사람은 어찌하여 화우火牛가 되어 달리게 하며
풍마風馬가 되어 유혹하여
자신의 천성에 자적自適함을 생각하지 않는고![850]

峨冠大帶之士, 一旦睹輕簑小笠,

　飄飄然逸也, 未必不動其咨嗟;

長筵廣席之豪, 一旦遇疎簾淨几,

　悠悠焉靜也, 未必不增其綣戀.

人奈何驅以火牛,

　誘以風馬, 而不思自適其性哉!

【峨冠大帶】 높은 모자와 넓은 띠. 고대 고관대작의 복장 모습.

【經簑小笠(경사소립)】 〈續遺〉에는 「經蓑小笠」으로 되어 있음.

【長筵廣席】 길게 마련하여 많은 사람이 참석하는 잔치 자리와 넓게 펼쳐진
　좌석. 큰 잔치로 호화스러움을 누림을 뜻함.

【一旦遇疎簾淨几】 〈續遺〉에는 「一旦見淨几疏簾」으로 되어 있음.

【悠悠焉】 〈續遺〉에는 '悠悠然'으로 되어 있음.

【火牛】 《史記》田單列傳에 실려 있는 火牛攻法을 가리키는 것이 아닌가 함.
　燕나라가 齊나라 70여 성을 탈취하자 田單이라는 자가 莒와 卽墨, 두 곳을
　마지막 요새로 삼아 소의 꼬리에 솜을 달아 불을 붙이고 뿔에 칼을 매어
　상대진영으로 달리게 하여 제나라를 수복한 고사가 있음. 이를 들어 갑작
　스러운 앙화를 입는 것을 비유한 것으로 보임.

【風馬】 서로 만나리라고 예측하지 못한 것이 직접 현실로 나타나 앙화가
　됨을 가리킴. 《左傳》僖公 4년에 「四年春, 齊侯以諸侯之師侵蔡. 蔡潰, 遂伐楚.
　楚子使與師言曰: '君處北海, 寡人處南海, 唯是風馬牛不相及也, 不虞君之涉
　吾地也, 何故?'」라 하여 "그대는 北海에 처하고 나는 이 먼 南海에 처하여
　바람이나 말, 소조차도 서로 영향을 줄 일이 없을 듯이 여겼다"라고 한
　고사를 비유한 것으로 보임.

289(明後-67) 魚得水逝
물고기는 물을 얻어 헤엄치되

물고기는 물을 얻어 헤엄치되 물이 있음을 잊고 살며,
새는 바람을 타고 날아오르되 바람이 있는 줄 알지 못한다.
이를 알면 가히 만물의 얽매임에서 초탈할 수 있으며,
천기를 즐길 수 있느니라.[851]

魚得水逝, 而相忘乎水;
鳥乘風飛, 而不知有風.
識此可以超物累, 可以樂天機.

【物累】외물에 얽매어 벗어나지 못함.

290(明後-68) 狐眠敗砌
여우는 허물어진 옛 섬돌 틈에 잠자고

여우는 허물어진 옛 섬돌 틈에 잠자고 토끼는 황폐해진 누대를 뛰노누나.
이곳은 모두가 당시에는 노래부르고 춤추던 영화의 곳이었었지.
이슬은 노란 국화에 맺히고 안개는 시든 풀밭에 어지럽구나.

모두가 옛날 전쟁의 싸움터였지.
성쇠가 어찌 무상하지 않은가?
강함과 약함이 어디에 있다는 것인가?
이를 생각하니 사람 마음을 쓸쓸하게 하누나.[725]

　　狐眠敗砌, 兎走荒臺, 盡是當年歌舞之地;
　　露冷黃花, 烟迷衰草, 悉屬舊時爭戰之場.
　　盛衰何常?
　　强弱安在?
　　念此令人心灰.

【狐眠敗砌(호면패체)】 옛날 화려했던 건축물의 허물어진 계단 구멍에 여우가
　굴을 삼아 잠자고 있음.
【兎走荒臺】 옛날 화려했던 누대 자리에 토끼가 이리저리 뛰어다님.

※《增廣賢文》(407)에「狐眠敗砌, 兎走荒臺, 盡是當年歌舞地; 露冷黃花, 烟迷綠草,
　悉爲舊日爭戰場」이라 하였다.

291(明後-69) 寵辱不驚
총애와 모욕에 놀라지 말라

총애와 모욕에 놀라지 말라.
한가히 뜰 앞의 피고지는 꽃을 보라.

떠나고 머묾에 뜻을 두지 말라.
하늘 밖 구름이 말리고 풀림에 맡겨두라.[726]

寵辱不驚, 閑看庭前花開花落;
去留無意, 漫隨天外雲卷雲舒.

【寵辱不驚】 총애나 모욕에 전혀 어떠한 놀람이 다른 반응을 보이지 않음.
《老子》13장에 「寵辱若驚, 貴大患若身. 何謂寵辱若驚? 寵爲上, 辱爲下, 得之
若驚, 失之若驚, 是謂寵辱若驚」이라 하였음.

※ 국내 번역본은 모두 본장과 다음 장을 묶어 하나의 장(070)으로 삼았으나
〈明刻本〉에 의하여 바로잡아 분장함.

292(明後-70) 晴空朗月
맑은 하늘 밝은 달에

맑은 하늘 밝은 달에 어느 하늘인들 밝히지 않으리요만
그런데도 날아다니는 나방은 홀로 밤 촛불로 몸을 던진다.
맑은 샘 푸른 꽃에 어느 물건인들 마시고 먹을 수 없으리요만
그런데도 올빼미만은 썩은 쥐를 즐겨먹는다.
아!
세상의 부나비와 올빼미가 되지 않을 자,
그 어느 사람이리요![727]

晴空朗月, 何天不可翺翔, 而飛蛾獨投夜燭?

清泉綠卉, 何物不可飮啄, 而鷗鶒偏嗜腐鼠?

噫!

世之不爲飛蛾鷗鶒者,

幾何人哉!

【淸泉綠卉】〈寶下〉에는 '淸泉綠竹'으로 되어 있음.

【飛蛾鷗鶒(비아치효)】 죽음을 모르고 불로 뛰어드는 부나비와 썩은 쥐고기를
좋아하는 올빼미.

※ 淸 金纓의 《格言聯璧》悖凶類(592)에는 「明星朗月, 何處不可翺翔? 而飛蛾獨
趨燈焰; 嘉卉淸泉, 何物不可飮啄? 而蠅蚋爭嗜腥膻」라 함.

293(明後-71) 纔就筏
겨우 뗏목으로 건너고

겨우 뗏목으로 건너고 문득 이 뗏목을 버려도 된다고 생각하면
이것이 곧 세상을 일로 여기지 않는 도인이요,
만약 나귀를 타고 있으면서 다시 나귀를 찾는다면
마침내 깨닫지 못하는 선사禪師가 되리라.[852]

纔就筏, 便思舍筏, 方是無事道人;

若騎驢, 又復覓驢, 終爲不了禪師.

【無事道人】세상의 자질구레한 미련을 과감히 떨쳐 일이 없음을 주로 하는 도인. 경지에 오른 사람을 뜻함. 본문에서의 배란 부처가 되기 위한 방편으로서의 불경을 뜻하는 말로 쓰이기도 함.

【不了禪師】깨달음이 없는 선사. 깨닫고자 함이 목적이면서 그 목적 자체를 잊은 선사. 높은 경지를 뜻함.

294(明後-72) 權貴龍驤
권귀權貴의 용양龍驤과

권귀權貴의 용양龍驤과 영웅의 호전을
냉철한 눈으로 보면
이는 마치 개미가 비린내나는 물건에 모여듦과 같고,
파리가 피를 두고 다투는 것과 같다.
시비가 벌처럼 일어나고 득실이 고슴도치처럼 솟아나도
이를 냉철한 심정으로 대한다면
이는 마치 풀무가 쇠를 녹임과 같고
끓는 물이 눈을 녹임과 같다.[728]

權貴龍驤, 英雄虎戰, 以冷眼視之,
如蟻聚羶, 如蠅競血;
是非蜂起, 得失蝟興, 以冷情當之,
如冶化金, 如湯消雪.

【權貴龍驤】 권세와 부귀를 위하여 용이나 천리마처럼 내달림.

【英雄虎戰】 호랑이 싸움 같은 영웅들의 치열한 경쟁.

【如蟻聚羶, 如蠅競血】 〈寶下〉에는 「如蠅聚羶, 如蟻競血」로 되어 있음.

※《增廣賢文》(654)에 「權貴龍驤, 英雄虎戰, 以冷眼觀之, 如蠅競血, 如蟻聚羶; 是非蜂起, 得失蝟興, 以冷情當之, 如冶化金, 如湯消雪」이라 하였으며,《醒世恒言》(20),《初刻拍案驚奇》(2, 20)《醒世姻緣傳》(10) 등에 「蒼蠅見血」이라 하였다.

〈權貴龍驤〉句 如初 金膺顯(현대)

295(明後-73) 羈鎖於物欲
물욕에 얽매어

물욕에 얽매어 갇히면 내 삶이 애석함을 깨달아라.
진성眞性에 편안히 하면 내 삶이 가히 즐거움을 깨달아라.
그 애석함을 알면 티끌 세상의 정을 곧바로 깨버릴 수 있고,
그 즐거움을 알면 성인 경지가 저절로 다가오리라.[853]

羈鎖於物欲, 覺吾生之可哀;

夷猶於性眞, 覺吾生之可樂.

知其可哀, 則塵情立破;

知其可樂, 則聖境自臻.

【羈鎖】 말의 고삐나 문을 채우는 자물쇠.
【夷猶】 마음을 비우고 편안히 대함. 優游自適과 같음. 쌍성어.

296(明後-74) 胸中旣無半點物欲
가슴에 이미 반 점의 물욕도 없다면

가슴에 이미 반 점의 물욕도 없다면
이는 눈이 화로에 녹고 얼음이 햇볕에 사라짐과 같고,
눈앞에 스스로 하나의 빈 밝음을 가지고 있다면
이는 그 때마다 달이 하늘에 있고
그 그림자가 파도에 있음을 알게 될 것이다.[854]

胸中旣無半點物欲, 已如雪消爐焰氷消日;

眼前自有一段空明, 時見月在靑天影在波.

【胸中旣無半點物欲】 〈續遺〉에는 「胸中物欲半點都無」로 되어 있음.
【眼前自有一段空明】 〈續遺〉에는 「眼裡空明一段自在」로 되어 있음.

297(明後-75) 詩思在灞陵橋上
　　　　　시사詩思가 파릉灞陵의 다리 위에 있으니

시사詩思가 파릉灞陵의 다리 위에 있으니
낮은 읊음이 저절로 생겨나고 숲과 자연은 이미 호연한 기운 그대로로다.
야흥野興이 경호鏡湖의 굽은 가에 있으니
홀로 갈 때마다 산천은 스스로 그 영발함을 서로 비추도다.[855]

詩思在灞陵橋上, 微吟就, 林岫便已浩然;
野興在鏡湖曲邊, 獨往時, 山川自相映發.

【微吟就】〈續遺〉에는 '微吟處'로 되어 있음.
【林岫便已浩然】〈續遺〉에는「林巒都是精神」으로 되어 있음.
【灞陵橋(파릉교)】灞水의 다리. 《全唐詩話》 권5에 《古今詩話》를 인용하여
鄭綮(당시 相國)가 〈老僧〉이라는 시를 짓고 나자, 어떤 이가 "근래 지은 시가
있는가?"라고 물었다. 그러자 "시상이란 파교의 풍설 속이나 나귀의 등
위에 있다. 이를 어찌 표현해 낼 수 있겠는가?"(詩思在灞橋風雪中驢子背上,
此何以得之?)라 하였다. 시흥이란 아주 작은 일이나 풍경 속에 모두 들어
있다는 뜻.
【鏡湖曲】당나라 何知章의 고사. 하지장이 天寶 말에 道士가 되어 시골로
낙향하겠다고 하자 황제가 鏡湖 섬천(剡川)의 二曲 땅을 내려주면서, 詩까지
써 주었다(《唐書》 참조)는 일화를 인용하여 아름다움은 그림 속에 있는 것이
아니라 시골에서도 산천의 아름다움을 얼마든지 즐길 수 있음을 말한 것
이다.

298(明後-76) 伏久者
오래 엎드린 자는

오래 엎드린 자는 나는 것이 틀림없이 높으리라.
앞서서 피는 꽃은 그 지는 것도 홀로 빠르리라.
이를 안다면 가히 잘못 디딘 걸음의 근심을 면할 수 있으며,
조급한 마음을 해소할 수 있으리라.[856]

伏久者飛必高,
開先者謝獨早.
知此, 可以免蹭蹬之憂;
可以消躁急之念.

【謝獨早】꽃이 지는 것을 '謝'라 함. 〈續遺〉에는 '謝必早'로 되어 있음.
【蹭蹬(층등)】비틀거리며 무슨 일을 제대로 해내지 못하는 것. 혹은 이리저리
머뭇거림을 뜻함. 첩운어.

〈久伏者〉한글句 밀물 최민렬(현대)

299(明後-77) 樹木至歸根
나무는 뿌리로 돌아간 후에야

나무는 뿌리로 돌아간 후에야
화려한 꽃과 가지의 잎이라는 것이 헛된 영화였음을 알게 되고,
사람의 일은 관 뚜껑을 닫은 후에야
자식도 옥백의 보배도 무익하다는 것을 알게 된다.[857]

> 樹木至歸根, 而後知華蕚枝葉之徒榮;
> 人事至蓋棺, 而後知子女玉帛之無益.

※ 본장은 〈續遺〉에는 「樹木至歸根日, 而後知華蕚枝葉之易空; 人生至蓋棺時, 而後知子女玉帛之難守」로 되어 있음.

300(明後-78) 眞空不空
진공眞空은 공이 아니며

진공眞空은 공이 아니며 집상執相은 진이 아니며,
파상破相도 진이 아니로다. 묻노니 세존께서 어떻게 말하였던가?
"세상에 있으면서 세상을 초월하라.

욕을 따르는 것이 이것이 고통이요,
욕을 끊고자 하는 것, 이것 역시 고통이다.
저희들은 서로 이를 닦아 지키라는 내 말을 들을지라."[729]

眞空不空, 執相非眞, 破相亦非眞, 問世尊如何發付?
「在世出世, 徇欲是苦, 絶欲亦是苦, 聽吾儕善自修持.」

【眞空】 모든 것을 비워둔 상태.《般若經》에「色則是空, 空則是色」이라 함.
【執相】 드러난 현상에 집착하여 이를 궁구함.
【破相】 드러난 현상을 부정하여 깨뜨려 없앰을 목표로 삼아 求道하는 것.
【世尊】 석가모니. 불타. 부처.
【發付】 펴서 가르쳐줌. 펴서 붙여줌.
【吾儕】 당시의 백화어로 '우리들'이라는 뜻.

301(明後-79) 烈士讓千乘
열사는 천승의 상금을 사양하고

열사는 천승의 상금을 사양하고, 탐한 지아비는 한 푼의 돈을 다툰다.
이는 인품이 별과 연못처럼 현격하기 때문이다.
그러나 이름을 좋아함은 이익을 좋아함과 다를 바가 없다.
천자는 나라를 경영하고 걸인은 저녁 찬밥을 달라 소리친다.
이는 직분이 하늘과 땅 차이처럼 현격하기 때문이다.
그러나 마음을 애태움이 어찌 소리를 애태움과 다르리요?[730]

烈士讓千乘, 貪夫爭一文,

　　　　人品星淵也, 而好名不殊好利;

　天子營家國, 乞人號饔飱,

　　　　位分霄壤也, 而焦思何異焦聲?

【烈士】《韓非子》詭使篇에「好名義不仕進者, 世謂之烈士」라 하였다.

【讓千乘】큰 제후국을 양보함.《孟子》盡心(下)에「孟子曰: "好名之人, 能讓
　千乘之國; 苟非其人, 簞食豆羹見於色."」이라 하였다.

【一文】문은 고대 화폐의 최소 단위. 아주 적은 돈. 일푼.

【星淵】하늘에 있는 별과 땅에 있는 못. 매우 차이가 현격함을 뜻함.

【家國】國家와 같음.

【饔飱(옹찬)】饔飧(饔飱)과 같음. 빌어먹는 아침밥이나 저녁 찬밥.〈寶下〉에는
　'饔餐'으로 되어 있음.

【霄壤(소양)】하늘과 땅, 天地, 天壤과 같음.

※《增廣賢文》(129)에「烈士讓千乘, 貪夫爭一文」이라 하였다.

302(明後-80) 飽諳世味
배부르도록 세상맛을 알고 나면

배부르도록 세상맛을 알고 나면
비 쏟아지고 구름 뒤집히는 것도 그대로 맡겨두어
결국 눈을 여는데도 게으름으로 대하게 된다.
사람의 정을 모두 깨닫고 나면

소라 부르라 해도, 말이라 부르라 해도
다만 고개를 끄덕인다.[858]

飽諳世味, 一任覆雨翻雲, 總慵開眼;
會盡人情, 隨敎呼牛喚馬, 只是點頭.

【飽諳世味】 세상의 온갖 맛을 실컷 맛봄. 〈續遺〉에는 '世味能飽諳'으로 되어
있어 '세상 맛을 실컷 배불리 알게 되다'의 뜻으로 보았음.
【覆雨翻雲】 세상 인심의 조변석개함을 뜻함. 杜甫의 〈貧交行〉에서 따온 말.
【呼牛喚馬】 자신을 소라 부르도록 하고 혹 말이라 부르도록 함. 전혀 사리에
맞지 않은 일을 강요하거나 그러한 일이 벌어짐.
【點頭】 고개를 끄덕임.

※ 본장은 〈續遺〉에 「世味能飽諳, 任敎覆雨翻雲, 總慵開眼; 人情能會盡, 隨你呼
牛喚馬, 只是點頭」로 되어 있음.

303(明後-81) 今人專求無念
지금 사람들은
오로지 무념無念을 구하지만

지금 사람들은 오로지 무념無念을 구하지만
그 생각念은 끝내 없애지 못한다.
그저 앞서의 생각을 막지 말고
뒤에 올 생각을 맞이하지도 않은 채

단지 현재의 인연에 따라 타발打發하여 나가면
자연히 점점 무의 경지로 들게 되는 것이다.[859]

今人專求無念, 而念終不可無.
只是前念不滯, 後念不迎.
但將現在的隨緣, 打發得去,
自然漸漸入無.

【而念終不可無】〈續遺〉에는 「而終不可無」로 되어 있음.
【打發】 그에 맞추어 처리함.

304(明後-82) 意所偶會
뜻이 만나 깨달으면

뜻이 만나 깨달으면 곧 아름다운 경지를 이룬다.
만물은 자연에서 나와야 그 진기眞機를 볼 수 있다.
거기에다가 한 푼의 조정이나 꾸밈을 더한다면
일취의 맛은 곧 감소하고 만다.
백씨(백낙천)가 "뜻은 무사함을 따라 적당히 하고,
바람은 자연을 따라 맑도다"라 하였으니
맛이 있도다! 그의 말이여.[860]

意所偶會, 便成佳境;

物出天然, 纔見眞機.

若加一分調停布置, 趣味便減矣.

白氏云:「意隨無事適,

風逐自然淸.」

有味哉! 其言之也.

【調停布置】 분쟁이나 다툼은 그치게 하고 각자 적당한 위치에 있도록 함.
【白氏】 당대 시인 白樂天(白居易, 772~846)을 가리킴.

305(明後-83) 性天澄徹
하늘을 타고 난 성품이 깨끗하고 투철하면

하늘을 타고 난 성품이 깨끗하고 투철하면
배고플 때 식은 음식과 목마를 때의 물은
심신을 건강하게 구제해주지 않음이 없고,
땅을 본받는 마음이 잠겨 미혹하면
비록 선禪을 화제로 삼고 게偈를 연출한다 해도
모두가 정신과 영혼을 흩뿌려 희롱하는 것이 되고 만다.[731]

性天澄徹, 卽饑飡渴飮, 無非康濟身心;

心地沉迷, 縱譚禪演偈, 總是播弄精魂.

【饑飡渴飮】다른 판본에는 「饑喰渴飮」으로 되어 있으며, 〈寶下〉에는 「饑餐渴飮」으로 되어 있음.

【譚禪演偈】坐禪을 화제로 삼고 偈頌을 연출해 냄. 〈寶下〉에는 「談禪演偈」로 되어 있음.

【播弄】장난감처럼 여겨 가지고 노는 것.

※ 《增廣賢文》(660)에 「性天澄澈, 卽饑餐渴飮, 無非康濟身腸; 心地沈迷, 縱演偈談玄, 總是播弄精魄」이라 하였다.

306(明後-84) 人心有個眞境
사람의 마음은 하나의 진경을 가지고 있으니

사람의 마음은 하나의 진경을 가지고 있으니
사죽絲竹의 멋진 악기가 아니건만 저절로 염담한 기쁨이 있고,
안개나 차와 같은 좋은 것이 아니건만 저절로 맑은 향기가 있다.
모름지기 생각이 깨끗하고 모든 것을 비우고,
염려를 잊고 제 몸도 풀어 해체해버려야
그제야 그 가운데에 유연游衍하여 매임이 없게 되리라.[732]

　　人心有個眞境:
　　　　非絲非竹, 而自恬愉;
　　　　不烟不茗, 而自淸芬.
　　　　須念淨境空, 慮忘形釋,
　　　　　　纔得以游衍其中.

【絲竹】음악을 대신하는 말. 사는 현악기, 죽은 관악기를 가리킴.
【游衍】얽매임이 없이 유유자적하는 모습. 쌍성어.

307(明後-85) 金自鑛出
쇠는 광물에서 나오고

쇠는 광물에서 나오고
옥은 돌에서 나오니
환幻이 아니면 진을 구할 수 없다.
도는 술 가운데에서 나오고
선은 꽃 속에서 만나나니
비록 아취롭다 하여도 속俗을 떠나서는 되는 것이 아니다.[861]

金自鑛出,
　玉從石生,
非幻無以求眞;
　道得酒中,
　仙遇花裡,
雖雅不能離俗.

〈마하가섭존자〉

【非幻無以求眞】〈續遺〉에는 「非粗無以求精」으로 되어 있음.
【不能離俗】〈續遺〉에는 「不能免俗」으로 되어 있음.

308(明後-86) 天地中萬物
천지 가운데의 만물과

천지 가운데의 만물과
인륜 가운데의 만 가지 정,
그리고 세계 속의 만 가지 일은,
속된 눈으로 보면 얽히고 설켜 각각 다르지만,
도의 눈으로 보면 종류마다 각각 그대로 당연함을 가지고 있다.
어찌 분별에 번뇌를 느낄 것이며,
어찌 취사에 용도를 구분할 것인가?[733]

師子比丘尊者

天地中萬物,
人倫中萬情,
世界中萬事,
　以俗眼觀, 紛紛各異;
　以道眼觀, 種種是常.
何煩分別?
何用取捨?

〈사자비구존자〉

【何煩分別, 何用取捨】〈寶下〉에는「何須分別, 何須取捨」로 되어 있음.

309(明後-87) 神酣
정신이 감화酣化하면

정신이 감화酣化하면 거친 이불 오막살이 집 안에서도
천지의 충화지기沖和之氣를 터득할 수 있고,
맛이 족하면 거친 밥과 국을 먹은 후에도
인생의 담박한 진미를 알 수 있느니라.[862]

神酣, 布被窩中, 得天地沖和之氣;

味足, 藜羹飯後, 識人生澹泊之眞.

【沖和之氣】 청정하여 사물에 얽매이지 않는 기운.
【澹泊之眞】 담담하고 고요한 진미. '濃艷之氣'의 상대어.

310(明後-88) 纏脫
묶임과 해탈은

묶임과 해탈은 단지 스스로의 마음에 있을 뿐이다.
마음이 밝아지면 도살장, 술집도 편안히 여겨지는 정토로다.
그렇지 않다면 비록 거문고와 학,
꽃과 풀에다가
기호가 맑을지라도 마귀가 마침내 거기에 가로막고 있는 것이다.

옛말에 이렇게 말하였다.

"능히 그만두면 진경塵境도 진경眞境이요,

아직 깨닫지 못하면 승가僧家도 속가俗家니라."

믿을 만하도다![734]

纏脫只在自心, 心了則屠肆糟廛, 居然淨土.

不然, 縱一琴一鶴, 一花一卉,

嗜好雖淸, 魔障終在.

語云:「能休塵境爲眞境,

未了僧家是俗家.」

信夫!

【纏脫(전탈)】 묶여 속박됨(纏)과 이를 벗어 해탈함(脫).

【屠肆糟廛(도사조전)】 고기 파는 집이나 술을 파는 전방. 廛은 상점을 뜻함.
〈寶下〉에는 '屠肆糟糠'으로 되어 있음.

【塵境】 티끌 세상. 때묻고 더러운 속세.

【一花一卉】〈寶下〉에는 '一花一竹'으로 되어 있음.

※〈寶下〉에는 끝의 '信夫'두 글자가 없음.

※《增廣賢文》(362)에「能休塵境爲眞境, 未了僧家是俗家」라 하였으며 이는 北宋
邵雍의《伊川擊壤集》〈十三日游上寺及黃澗〉시의 구절이다.

311(明後-89) 斗室中

좁은 방 안에서도

좁은 방 안에서도 만가지 염려를 모두 버리고 나면
무슨 화동畫棟에 구름 날리고
주렴에 비를 거둔다라고 말할 것이 있으리오?
술 석 잔 후에 한 번 진眞으로 자득하면
오직 평소의 거문고와 비낀 달에
단소 불며 풍월을 노래하고 싶음을 알게 되리라.[863]

斗室中, 萬慮都捐,
　說甚畵棟飛雲,
　　珠簾捲雨?
三杯後, 一眞自得,
　唯知素琴橫月,
　　短笛吟風.

〈우바국다존자〉

【畵棟飛雲, 珠簾捲雨】아주 훌륭한 건물을 뜻함. 王勃의 〈滕王閣序〉에「畵棟
　朝飛南浦雲, 珠簾暮捲西山雨」라 함. 〈續遺〉에는「畵棟飛雲, 珠簾卷雨」로 되어
　있음.
【唯知素琴橫月】〈續遺〉에는「唯有素琴橫月」로 되어 있음.

312(明後-90) 萬籟寂寥中
만뢰萬籟가 적요한 가운데에

만뢰萬籟가 적요한 가운데에
홀연히 새 한 마리 우는 소리를 들으니
문득 허다한 유취가 환기되도다.
온갖 풀이 꺾여 마른 뒤에
홀연히 한 가지의 이삭이 빼어남을 보니
문득 무한한 생기生機가 감촉하여 발동하도다.
가히 하늘의 천성이란 말라버리는 법이 없고
기미의 신은 가장 감촉하여 촉발시키는 것임을 알겠도다.[864]

萬籟寂寥中,
忽聞一鳥弄聲,
便喚起許多幽趣;
萬卉摧剝後,
忽見一枝擢秀,
便觸動無限生機.
可見性天未常枯槁,
機神最宜觸發.

〈바수밀존자〉

【萬籟(만뢰)】 세상 삼라만상의 소리.《莊子》에 天籟, 地籟, 人籟가 있다고 하였음.
【未常枯槁】 〈續遺〉에는 '本無沉冥'으로 되어 있음.

313(明後-91) 白氏云
　　　백씨白樂天가 말하였다

백씨白樂天가 말하였다.
"몸과 마음을 다 풀어놓고
명연히 큰 조화에 맡기는 것 만한 것이 없도다."
조씨晁補之는 이렇게 말하였다.
"몸과 마음을 거두어 응연히 적요함으로 돌아감만한 것이 없도다."
풀어놓음放이란 흘러가게 두어 창광한 것이요,
거둠收이 고적함으로 들어오게 하는 것이다.
오직 심신을 잘 조종하는 것은
그 손잡이가 내 손에 있어
거둠과 풀어놓음을 자유자재로 함을 말한다.[865]

　　　白氏云:「不如放身心, 冥然任大造.」
　　　晁氏云:「不如收身心, 凝然歸寂定.」
　　　　放者, 流爲猖狂;
　　　　收者, 入於枯寂.
　　　　　唯善操身心的,
　　　　　　欛柄在手,
　　　　　　收放自如.

【白氏】唐나라 때의 시인 白樂天(白居易, 772~846)을 가리킴. 前出.
【大造】천지 자연의 큰 조물주. 〈續遺〉에는 '天造'로 되어 있음.

【晁氏(조씨)】 宋나라 때의 학자 조보지(晁補之, 1053~1110). 자는 无咎 호는
  濟北, 자호는 歸來子.《鷄肋集》,《琴趣外篇》등을 남김.
【唯善操身心的】〈續遺〉에는「唯善操身心者」로 되어 있음.

314(明後-92) 當雪夜月天
눈 오는 밤 달 밝은 하늘이면

눈오는 밤 달 밝은 하늘이면 마음의 경지가 곧 그만큼 징철澄徹하고
봄바람 온화한 기를 만나면 의경이 역시 저절로 충융冲融해진다.
조화의 세계와 인간의 마음은 혼합되어 차이가 없도다.[866]

當雪夜月天, 心境便爾澄徹;
　遇春風和氣, 意界亦自冲融.
　　造化人心, 混合無間.

【澄徹】 아주 깨끗함을 뜻함. 쌍성어.
【冲融】 맑고 깨끗이 융화됨. 첩운어.
【混合無間】〈續遺〉에는 '渾合無間'으로 되어 있음.

315(明後-93) 文以拙進
글은 졸한 데에서 진보하고

글은 졸한 데에서 진보하고, 도는 졸한 데에서 성취된다.
졸拙이라는 이 한 글자에는 무한한 의미가 있다.
마치 도원에서 개 짖는 소리,
뽕나무 사이에서 닭 우는 소리와 같으니,
그 어떤 순방淳龐함이 이와 같겠는가?
찬 연못의 달과 고목 위의 까마귀에 이르러서는
공교함 속에 문득 쇠삽衰颯한 기상이 있음을 깨닫도다.[867]

文以拙進, 道以拙成,
一拙字有無限意味.
如桃源犬吠,
桑間鷄鳴, 何等淳龐?
至於寒潭之月, 古木之鴉,
工巧中便覺有衰颯氣象矣.

【桃源犬吠, 桑間鷄鳴】 이상 세계를 상정하여 풍경을 말한 것이며 이는 陶淵明
의 〈桃花源記〉에 나오는 표현임. 〈續遺〉에는 「桃源犬吠, 桑樹鷄鳴」으로 되어
있음.
【淳龐(순방)】 순박하고 질박한 모습. 〈續遺〉에는 '淳龐氣象'으로 '氣象' 두 글자
가 더 있음.
【衰颯(쇠삽)】 쓸쓸한 모습. 쌍성어. 〈續遺〉에는 「衰颯氣象」이 「衰颯情形」으로
되어 있음.

316(明後-94) 以我轉物者
나를 외물에 전가하는 자는

나를 외물에 전가하는 자는 얻어도 진실로 즐거워하지 아니하고
잃어도 역시 근심하지 않아, 대지가 모두 소요_{逍遙}에 속한다.
만물로써 나를 사역하는 자는 역경에도 진실로 증오를 내고
순경에도 아까움을 나타내어
하나의 털도 바로 그를 속박하는 괴로움에 휩싸이고 만다.[735]

以我轉物者, 得固不喜,
　　　失亦不憂, 大地盡屬逍遙;
以物役我者, 逆固生憎,
　　　順亦生愛, 一毛便生纏縛.

【逍遙】 얽매임 없이 이리저리 거닐거나 노닒. 첩운어.
【纏縛(전박)】 얽매임. 묶임. 〈寶下〉에는 이 구절이 「一毫便生纏縛」으로 되어 있음.

317(明後-95) 理寂則事寂
이치가 적요하면

이치가 적요하면 일도 적요하니,
일을 거들떠보지 아니하고 이치를 잡겠다는 것은

마치 그림자가 지나갔는데
실물이 그대로 남아 있기를 바라는 것과 같다.
마음이 비면 경계도 비는 것이니,
경계를 없애고 마음만 보존하겠다는 것은
마치 비린내나는 것을 모으면서
파리 떼가 물러가기를 바라는 것과 같다.[868]

理寂則事寂, 遣事執理者, 似去影留形;
心空則境空, 去境存心者, 如聚羶却蚋.

【遣事執理】 일을 무시하고 이치만 고집함.
【聚羶却蚋(취전각예)】 비린내 나는 것을 모으면서 파리 떼를 쫓으려 함. 蚋는
蜹와 같음. 〈續遺〉에는 '聚膻却蚋'로 되어 있음.

318(明後-96) 幽人淸事
그윽한 사람의 맑은 일은

그윽한 사람의 맑은 일은 모두가 자적함에 있다.
그러므로 술도 권하지 않는 것으로써 즐거움을 삼고,
바둑도 다투지 않는 것으로 승리를 삼으며,
피리도 빈 속이 없는 것으로써 적당함을 삼으며,
거문고도 현이 없는 것으로써 높은 경지로 삼으며,
모임도 기약하지 않음을 진솔한 것으로 삼으며,

손님도 맞이하고 보내는 형식을 지키지 않음을
평탄한 것으로 삼는다.
만약 꾸밈에 이끌리고 흔적에 빠져든다면
이는 곧 티끌세상 고해에 빠진 것이다.[869]

幽人淸事總在自適:
　故酒以不勸爲歡.
　棋以不爭爲勝,
　笛以無腔爲適,
　琴以無絃爲高.
　會以不期約爲眞率,
　客以不迎送爲坦夷.
　若一牽文泥迹,
　便落塵世苦海矣.

佛陀難提尊者

〈불다난제존자〉

【幽人淸事】〈續遺〉에는 '幽人韻事'로 되어 있음.
【總在自適】〈續遺〉에는 '總在自適其情'으로 '其情' 두 글자가 더 있음.
【無腔】강은 물질이 대롱처럼 빈 상태. 피리에 이러한 빈 대롱이 없어도 이를 즐
　긴다는 뜻. 巧拙에 염두를 두지 않음을 뜻함.
【無絃】〈續遺〉에는 '無弦'으로 되어 있음.
【坦夷】평탄히 여김. 오고감을 마음에 두지 않음.
【牽文泥迹】〈續遺〉에는 '泥迹牽文'으로 되어 있음.
【塵世苦海】〈續遺〉에는 '塵緣苦海'로 되어 있음.

319(明後-97) 試思未生之前
시험삼아 내가 태어나기 전에

시험삼아 내가 태어나기 전에 어떤 모습이었을까 하고 생각해 보라.
또 이미 죽은 후에 어떤 모습일까 생각해 보라.
그러면 만가지 사념이 재가 되어 냉랭한 것이요,
일성一性이라는 것이 적연한 것이로다.
그렇게 하면 스스로 물외物外에 초연하여
만상에 앞서 유유자적할 수 있으리라.[736]

試思未生之前, 有何象貌?
又思旣死之後, 作何景色?
則萬念灰冷, 一性寂然.
自可超物外而遊象先.

【灰冷】 재처럼 싸늘하게 식음.
【象先】 구체적이 物象이 나타나기 전의 절대적인 상태.

320(明後-98) 遇病而後
병을 만난 후에야

병을 만난 후에야 강했을 때가 보배였음을 생각하게 되고,
난에 처한 후에야 평화의 때가 복이었음을 생각하게 된다.
그러나 이것도 일찍 알게 된 것은 아니다.
요행의 복을 누릴 때 먼저 그것이 화의 근본이 됨을 알고,
생을 탐내면서 먼저 그것이 죽음의 원인이 됨을 아는 것,
그것이 탁견이로다![870]

遇病而後思强之爲寶;
處亂而後思平之爲福.
　　　　非蚤智也.
倖福而先知其爲禍之本;
貪生而先知其爲死之因,
　　　　其卓見乎!

〈복태밀다존자〉

【强之爲寶】〈續遺〉에는 '健之爲安'으로 되어 있음.
【蚤智(조지)】일찍 알아차림. '蚤'는 '早'와 같음. 〈續遺〉에는 '早知'로 되어 있음.
【倖福】僥倖과 福. 그러나 〈續遺〉에는 '幸福'으로 되어 있음.
【倖福而先知·貪生而先知】〈續遺〉에는 「幸福而知·貪生而知」로 '先'자가 없음.

321(明後-99) 優人傅粉
배우가 분바르고

배우가 분바르고 붉은 물감 칠하고
온갖 미운 모습, 추한 모습을 붓끝으로 그려내어 분장을 하지만
이윽고 노래가 다하고 잔치가 파하고 나면
아름답고 추함이라는 것이 어디에 있는가?
바둑 두는 자가 이기고 지는 것을 다투어
자웅을 바둑알에 비교하지만
이윽고 바둑이 끝나 그 바둑알을 거둘 때면
자웅이 어디에 있는가?[737]

優人傅粉調硃, 效研醜於毫端,
　　　　俄而歌殘場罷, 妍醜何存?
奕者爭先競後, 較雌雄於着子,
　　　　俄而局盡子收, 雌雄安在?

【傅粉調硃(부분조주)】배우가 분을 바르고 붉은 생으로 분장함을 뜻함. 〈寶下〉
에는 '傅粉調朱'로 되어 있음.
【效研醜】원본의 '研'은 '妍'의 오자로 여겨짐. 〈寶下〉에는 '效妍醜'로 되어
있음.
【毫端】붓끝.
【着子】바둑알, 혹은 장기 알. 〈寶下〉에는 '着手'로 되어 있음.

322(明後-100) 風花之瀟洒
풍화의 소쇄瀟洒함과

풍화의 소쇄瀟洒함과 설월의 공청空淸함은
오직 고요함을 즐기는 자가 주인으로 삼는 바요,
물과 나무의 영고榮枯, 대나무 돌의 소장消長은
오직 한가함을 즐기는 자가 그 권세를 부여하여 즐기는 바이다.[871]

> 風花之瀟洒, 雪月之空淸, 唯靜者爲之主;
> 水木之榮枯, 竹石之消長, 獨閒者操其權.

【風花】 풍경과 꽃. 자연의 아름다움.
【瀟洒】 '瀟灑'와 같음. 시원하고 깨끗함. 쌍성어.
【獨閒者操其權】 〈續遺〉에는 「獨閑者識其眞」으로 되어 있음.

323(明後-101) 田父野叟
밭의 농부나 들의 늙은이에게

밭의 농부나 들의 늙은이에게 황계黃鷄와 백주白酒를 이야기하면
흔연히 즐거워하나,
그에게 큰 잔치의 엄청난 요리를 물으면 모른다고 한다.

그에게 따뜻한 베옷이나 짧은 갈옷을 이야기하면
유연히 즐겁게 여기지만,
그에게 곤룡포의 옷을 물으면 모른다고 한다.
그 천성이 그대로 있으니 그 때문에 욕심이 담박한 것이다.
이는 사람으로서의 가장 첫째 가는 경지이다.[872]

田父野叟, 語以黃鷄白酒, 則欣然喜;

問以鼎食, 則不知.

語以縕袍短褐, 則油然樂;

問以袞服, 則不識.

其天全, 故其欲淡.

此是人生第一個境界.

【田父野叟】농사꾼. 천한 신분이나 순박하고 질박하여 순수함을 지킴.

【黃鷄白酒】누런 닭과 맑은 술. 시골 사람이 즐겨 먹으며 대단한 맛이라고
느끼는 성찬.

【鼎食】고관대작의 연회를 비유한 말. 좋은 음식. 〈續遺〉에는 '鼎養'으로 되어
있음.

【縕袍短褐(온포단갈)】일반 백성의 옷. 거친 옷을 상징함.

【袞服(곤복)】고관대작의 의복. 좋은 의복을 상징함.

324(明後-102) 心無其心
마음에 그 마음이 없으니

마음에 그 마음이 없으니 무슨 관觀이라는 것이 있겠는가?
불교에서 말한 "마음을 본다"라는 것은 그 장애를 더해주는 것이다.
물건은 본래 하나의 물건일 뿐이니
어찌 똑같으리라고 기다릴 수 있겠는가?
장자莊子가 말한 "만물을 똑같이 여기다"라는 것은
스스로 그 같음을 해부하는 것이다.[873]

心無其心, 何有於觀?

釋氏曰「觀心」者, 重增其障.

物本一物, 何待於齊?

莊生曰「齊物」者, 自剖其同.

【釋氏】 불교를 뜻함.
【觀心】 자신의 마음을 객관화하여 깨달음을 구하는 것.
【莊生】 莊子, 戰國 시대 道家의 대표적인 인물. 莊周.
【齊物】 《莊子》의 齊物論. 세상 만물은 모두가 똑같은 價値와 存在 理由를
　가지고 있다는 이론.

325(明後-103) 笙歌正濃處

음악이 한창 무르익는 곳에서

음악이 한창 무르익는 곳에서
문득 옷깃을 날리고 미련없이 물러섬은
달인이 낭떠러지에 매달렸다가 손을 놓아버림을 부러워함이요,
시간이 다하여 이미 때가 거의 없을 때
유연히 밤길을 나서 쉬지 않음은
속된 선비가 제 몸을 고해에 침몰하고 있음을 비웃음이라.[874]

笙歌正濃處,
便自拂衣長往,
羨達人撒手懸崖;
更漏已殘時,
猶然夜行不休,
哎俗士沉身苦海.

〈반야다라존자〉

【笙歌】 노래, 피리 등에 맞추어 부르는 노래 가락. 〈續遺〉에는 「笙歌正濃處」가
「笙歌正沸時」로 되어 있음.
【拂衣長往】 〈續遺〉에는 '拂然長往'으로 되어 있음.
【羨(선)】 〈續遺〉에는 '見'으로 되어 있음.
【撒手懸崖(살수현애)】 낭떠러지에 매달렸을 때 과감하게 손을 놓아 떨어짐.
　세상의 큰 것을 잃음에 조금도 걱정하지 않는 용기를 뜻함.
【更漏】 하루 五更의 시간을 알리는 물시계.

326(明後-104) 把握未定
파악이 정해지지 않았다면

파악이 정해지지 않았다면
마땅히 진효塵囂에서 자신의 자취를 끊어버릴지니라.
자신의 마음으로 하여금 보지 못하게 하면
욕이 있으나 어지럽히지 않을 수 있어
나의 정체를 맑게 할 수 있다.
조지操持가 이미 굳어졌다면
또한 의당 풍진에 자취를 뒤섞을 것이니라.
이 마음으로 하여금 이를 보게 하면
욕이 있으나 역시 혼란하지 않게 하여
나의 원만한 기機를 기를 수 있느니라.[738]

把握未定, 宜絶迹塵囂.
使此心不見, 可欲而不亂, 以澄吾靜體;
操持旣堅, 又當混迹風塵.
使此心見, 可欲而亦不亂, 以養吾圓機.

【把握】 어떠한 일에 이치나 원리를 바르게 잡고 있음.
【塵囂(진효)】 티끌이 흩날리고 매우 시끄러운 속세.
【風塵】 바람과 티끌. 흔히 현세, 속세를 가리킴.
【圓機】 원만한 기밀. 두루 퍼져 혼연히 작용하는 힘.

327(明後-105) 喜寂厭喧者
고요함을 좋아하고
시끄러운 것을 싫어하는 자는

고요함을 좋아하고 시끄러운 것을 싫어하는 자는
왕왕 사람을 피하는 것으로써 고요함을 찾으려 한다.
그러나 그런 자는 뜻이 사람 없는 곳에 있으면
문득 나의 상相을 이루고자 집착하는 것임을 모르는 것이며,
마음이 고요함에 집착하면
곧 뿌리를 흔드는 것임을 모르는 것이다.
그렇게 하고서 어찌 남과 나를 하나로 보아
동정動靜 두 가지를 모두 잊는 경계에 이를 수 있겠는가![739]

喜寂厭喧者, 往往避人以求靜.
不知意在無人, 便成我相;
心著於靜, 便是動根.
如何到得人我一視,
動靜兩忘的境界!

【人我一視】〈寶下〉에는 '人我一空'으로 되어 있음.

328(明後-106) 山居胸次淸洒
산에 살면 가슴이 청쇄淸洒하여

산에 살면 가슴이 청쇄淸洒하여
닿는 물건마다 모두 아름다운 생각을 갖게 된다.
외로운 구름과 들의 학을 보게 되면
세상을 초월하고 싶은 생각이 일어나게 된다.
돌 틈으로 흐르는 물과 퐁퐁 솟는 샘물을 만나면
눈처럼 깨끗이 씻고 싶은 생각이 움직이게 된다.
늙은 회나무와 찬 매화를 어루만지다 보면
나의 힘줄과 마디가 꼿꼿하게 된다.
모래밭 기러기나 산 속의 미록을 짝하게 되면
기심機心이 돈연히 잊혀지게 된다.
만약 한 번 그만 티끌 세상에 발을 들여놓게 되면
만물과 상관하지 않음에 관계없이
이 몸은 곧바로 췌류贅旒에 속하게 되고 만다.[875]

山居胸次淸洒, 觸物皆有佳思.
　見孤雲野鶴, 而起超絶之想;
　遇石澗流泉, 而動澡雪之思.
　撫老檜寒梅, 而勁節挺立;
　侶沙鷗麋鹿, 而機心頓忘.
　若一走入塵寰, 無論物不相關,
　　　　　即此身亦屬贅旒矣.

【淸洒(청쇄)】 맑고 깨끗함. 洒는 灑와 같음.

【孤雲野鶴】〈續遺〉에는 '野鶴孤雲'으로 되어 있음.

【石澗流泉】〈續遺〉에는 '淸泉白石'으로 되어 있음.

【澡雪】 깨끗이 씻어 없앰.

【勁節挺立(경절정립)】〈續遺〉에는 '勁節與之挺立'으로 되어 있음.

【沙鷗麋鹿(사미구록)】 물가 모래에 한가히 노니는 갈매기와 산에 자유롭게
노니는 사슴. 자연 상태로 한가롭게 삶을 뜻함. 〈續遺〉에는 '沙鷗野鹿'으로
되어 있음.

【機心頓忘】〈續遺〉에는 '機心與之頓忘'으로 되어 있음. 機心은 어떠한 일을
쉽게 하고자 하는 계략의 마음을 뜻함.

【塵寰(진환)】 티끌 세상.

【贅旒(췌류)】 쓸모 없는 군더더기. 旒는 깃발의 매는 부분에 남는 천을 뜻함.
그러나 〈續遺〉에는 '瘤贅'로 되어 있음.

329(明後-107) 興逐時來
흥이 때맞추어 쫓아와

흥이 때맞추어 쫓아와
방초 중에 신을 벗어 던지고 한가히 거니니
들새도 자신을 잊고 때맞추어 짝이 되어준다.
풍경과 마음이 하나가 되어
낙화 아래에서 옷을 걸치고 오뚝이 앉으니
흰 구름이 말없이 내 곁에 머물러준다.[876]

興逐時來, 芳草中撤履閑行, 野鳥忘機時作伴;
景與心會, 落花下披襟兀坐, 白雲無語漫相留.

【芳草中撤履閑行】〈續遺〉에는 「芳草地携杖閑行」으로 되어 있음.

興逐時來句 如初 金膺顯(현대)

330(明後-108) 人生
사람의 삶이란

사람의 삶이란 복의 경우도 있고 화의 구역도 있는 것은
모두가 생각이 그렇게 조성한 것이다.
그러므로 불가에서는 이렇게 말하고 있다.
"이욕이 치열하니 바로 이것이 불구덩이요,
탐욕이 허우적거리게 하니 이것이 곧 고해로다.
일념이 청정하면 타는 불꽃도 연못으로 변하고
일념이 경각하니 배가 피안으로 오르도다."

생각은 조금밖에 다르지 않지만
그 경계는 엄청난 차이가 난다.
그러니 가히 조심할지니라![740]

人生福境禍區, 皆念想造成.
故釋氏云:
　「利欲熾然, 卽是火坑. 貪愛沉溺, 便爲苦海;
　　一念淸淨, 烈焰成池. 一念警覺, 船登彼岸.」
念頭稍異, 境界頓殊. 可不愼哉!

【福境禍區】복과 화의 구분이나 구역. 〈寶下〉에는 '禍區福境'으로 되어 있음.
【彼岸】불가에서 말하는 이상 세계. 이 속세를 건너 닿게 되는 저쪽 언덕이
　라는 뜻. 한편 이 구절은 〈寶下〉에는 '一念驚覺, 航登彼岸'으로 '驚'과 '航'
　자가 다름.
【頓殊】頓異와 같은 뜻. 아주 다름. 판이한 차이가 남. 殊는 異와 같음.

※《增廣賢文》(023)에 「貪愛沈溺卽苦海, 利欲熾燃是火坑」이라 하였다.

331(明後-109) 繩鋸木斷
새끼줄을 톱으로 삼아도

새끼줄을 톱으로 삼아도 나무가 끊어지고
물방울이 돌에 떨어져도 구멍이 뚫린다.
도를 배우는 자는 모름지기 힘의 새끼줄을 더하라.

물이 모여서 큰 물줄기를 이루고
오이는 익으면 꼭지가 떨어진다.
도를 터득한 자는 천기에 모든 것을 맡겨라.[741]

繩鋸木斷, 水滴石穿. 學道者, 須加力索;
水到渠成, 瓜熟蒂落. 得道者, 一任天機.

【繩鋸(승거)】 새끼줄을 톱으로 삼아 물건을 톱질함.
【水滴石穿】 물방울이 같은 돌 위에 떨어져 결국 구멍이 생김.
【須加力索】 〈寶下〉에는 '須要努力'으로 되어 있음.
【瓜熟蒂落(과숙체락)】 오이(참외)가 익으면 그 꼭지가 떨어져나감.
【天機】 하늘의 기밀, 작용.

332(明後-110) 機息時
기機가 쉴 때면

기機가 쉴 때면 문득 달이 이르고 바람이 오나니
꼭 고해의 인간 세상인 것은 아니다.
마음이 먼 곳까지 이르는 곳에는 저절로 수레 먼지 말발굽 자국이 없나니
어찌 반드시 구산丘山까지 찾아가야 한다는 병적인 집착을 내세우리요?[877]

機息時, 便有月到風來, 不必苦海人世;
心遠處, 自無車塵馬迹, 何須痼疾丘山?

【機息】기능의 작용이 쉬고 있음.

【車塵馬迹】〈續遺〉에는 '車塵馬足'으로 되어 있음.

【痼疾丘山】자연에 집착하는 병.

333(明後-111) 草木纔零落
초목이 막 영락할 때면

초목이 막 영락할 때면
문득 새싹을 그 뿌리에 드러낸다.
계절이 바뀔 때면
비록 추위와 얼음이 찾아오지만 끝내 양기를 비회飛灰에서 되돌린다.
숙살肅殺한 가운데에 살리려는 뜻이 생겨나
언제나 그러한 주재자가 되느니,
즉 이로써 가히 천지의 마음을 알 수 있느니라.[878]

草木纔零落, 便露萌穎於根底;

時序雖凝寒, 終回陽氣於飛灰.

　肅殺之中, 生生之意, 常爲之主,

　　　　卽此可以見天地之心.

【萌穎於根底】〈續遺〉에는 「萌蘗於根苗」로 되어 있음.

【飛灰】옛날 죽통(竹筒)에 재를 넣어 동지가 지나면 다시 양이 솟아난다고
여겨 이 재가 날리도록 하였다 함. 〈續遺〉에는 '灰管'으로 되어 있음.

【肅殺】 가을에 모든 생물이 조락하는 상황. 쌍성어. 한편 이「肅殺之中, 生生之意, 常爲之主」는 〈續遺〉에는「肅殺之氣, 生意存焉」으로 줄어들어 있음.
【卽此】 〈續遺〉에는 '卽是'로 되어 있음.

334(明後-112) 雨餘觀山色
비 멈춘 사이에 산색을 보니

비 멈춘 사이에 산색을 보니 경상景象이 문득 새로움을 깨닫고,
고요한 밤에 종소리를 들이니 음향이 더욱 청월淸越하도다.[879]

雨餘觀山色, 景象便覺新妍;
夜靜聽鍾聲, 音響尤爲淸越.

【淸越】 맑고 깨끗하여 일상의 경지를 뛰어넘음.
※ 〈續遺〉에는 본 장과 다음 장을 하나의 장으로 삼아 연결하여 놓았다.

335(明後-113) 登高
높은 데에 올라보니

높은 데에 올라보니 사람의 마음을 넓게 하고,
흐르는 물가에 나와 보니 사람의 마음을 심원하게 하도다.
비오고 눈온 날 밤에 읽는 책은 사람의 정신을 맑게 하고,
산 언덕마루에서 편안히 부는 휘파람은 사람의 흥을 고매하게 하도다[879]

> 登高使人心曠,
> 臨流使人意遠.
> 讀書於雨雪之夜, 使人神淸;
> 舒嘯於丘皐之巓, 使人興邁.

【舒嘯(서소)】 얽매임이 없이 소요하면서 느리게 휘파람을 불며 한적함을 즐김.
【丘皐】〈續遺〉에는 '邱皐'로 되어 있음.

※〈續遺〉에는 본 장을 앞 장과 연결하고 하나의 장으로 삼았다.

336(明後-114) 心曠
마음이 넓으면

마음이 넓으면 만종萬鐘의 봉록도 기왓장 토기조각 같고,
마음이 막히면 터럭 하나도 수레바퀴만큼 크게 사람을 짓누른다.[880]

心曠, 則萬鍾如瓦缶;
心隘, 則一髮似車輪.

【萬鍾】 매우 많은 봉록.
【瓦缶(와부)】 깨어진 기왓장이나 토기 조각.
【車輪】 수레바퀴. 一髮에 상대하여 쓴 말.

337(明後-115) 無風月花柳
풍월과 화류가 없으면

풍월과 화류가 없으면 조화를 이루지 못하고,
정욕과 기호가 없으면 심체心體를 이루지 못하나니,
다만 나를 물건에 맞추어 돌려줄 뿐
나로써 물건에 부림을 당하지 말라.
그렇게 하면 기욕嗜慾도 천기가 아님이 없고,
티끌 세상 인정도 이상의 경지가 되리라.[881]

無風月花柳, 不成造化;
無情欲嗜好, 不成心體.
只以我轉物,
不以物役我,
則嗜慾莫非天機,
塵情卽是理境矣.

【嗜慾(기욕)】 嗜好와 慾心. 〈續遺〉에는 '嗜欲'으로 되어 있음.
【塵情(진정)】 인간 속세에 대한 정. 미련.
【理境】 이상향의 경지.

338(明後-116) 就一身了一身者
한 몸을 다루고

한 몸을 다루고 한 몸을 밝히 아는 것이
바야흐로 능히 만물을 만물에 갖다 줄 수 있는 것이요,
천하를 천하에 되돌려 주는 것이
바야흐로 능히 세상에서 세상을 벗어날 수 있는 것이다.[742]

就一身了一身者,
方能以萬物付萬物;
還天下於天下者,
方能出世間於世間.

〈가비마라존자〉

339(明後-117) 人生太閑
사람이 지나치게 한가하면

사람이 지나치게 한가하면 또 다른 생각이 몰래 생겨나고,
너무 바삐 굴면 진성眞性이 나타나지 않는다.
그러므로 사군자는 몸과 마음의 근심을 함께 포용하지 않으면 안 되고,
역시 풍월의 일취를 깊이 즐길 줄 몰라서도 안 된다.[882]

人生太閑, 則別念竊生;
太忙, 則眞性不現.
故士君子不可不抱身心之憂;
亦不可不耽風月之趣.

【人生太閑, 則別念竊生】〈續遺〉에는 「人生在世, 太忙則雜念橫生」으로 되어
있음.
【眞性】만물의 본래의 참 모습.

340(明後-118) 人心
사람의 마음은

사람의 마음은 흔히 움직임 속에서 진眞을 놓치고 만다.
만약 하나의 염려도 생기지 않았을 때 맑은 마음으로 고요히 앉아보면,
구름이 피어오르면 유연히 함께 가며,
비가 뚝뚝 떨어지면 냉연히 함께 맑게 하며,
새가 울면 흔연히 느낌이 있으며,
꽃이 떨어지면 소연히 자득하게 되리라.
그렇게 되면 어느 경지가 진경이 아니리오?
어느 물건이 진기가 아니리오?[883]

人心多從動處失眞.
　　若一念不生, 澄然靜坐,
　　雲興而悠然共逝;
　　雨滴而冷然俱清;
　　鳥啼而欣然有會;
　　花落而瀟然自得.
　　　何地非眞境?
　　　何物無眞機?

【欣然有會】〈續遺〉에는 '欣然有思'로 되어 있음.
【瀟然自得】〈續遺〉에는 '蕭然自得'으로 되어 있음.

【眞境】선경. 참된 경계.
【眞機】참된 기밀. 우주의 본 기틀.

341(明後-119) 子生
아들이 태어날 때

아들이 태어날 때 어머니는 위험하고, 전대에 돈이 쌓이면 도적이 엿본다.
그러니 어떤 즐거움이 근심거리 아닌 것이 있으리오?
가난하면 비용을 절약할 수 있고 병이 들면 몸을 보호할 수 있다.
그러니 무슨 근심이 기쁨거리가 아닌 것이 있으리오?
그러므로 달인은 순리와 역경을 하나로 보고
기쁨과 슬픔, 둘 모두를 잊느니라.[884]

子生而母危, 鏹積而盜窺, 何喜非憂也?
貧可以節用, 病可以保身, 何憂非喜也?
故達人當順逆一視, 而欣戚兩忘.

【鏹積(강적)】돈 꾸러미가 쌓임.
【欣戚兩忘】흔연함(즐거움)과 슬픔을 모두 잊음.

342(明後-120) 耳根似颸
귀의 뿌리는

귀의 뿌리는 돌개바람이 골짜기로 몰아쳐 메아리를 내는 것과 같으니
지나가게 두고 머물러 있지 않도록 하면 시비가 모두 사그러든다.
달이 연못에 그 빛을 담그는 것과 같아
비워두고 이에 매달리지 않으면 만물과 나 둘 모두 잊혀진다.[885]

耳根似颸谷投響,
    過而不留, 則是非俱謝;
心境如月池浸色,
    空而不着, 則物我兩忘.

【颸谷投響(표곡투향)】 회오리바람이 골짜기로 불어 메아리를 투사함. 〈續遺〉
에는 '風谷傳聲'으로 되어 있음.
【是非俱謝】 시비가 모두 사라짐. 謝는 '사라지다, 사그러지다, 꽃이 지다'
등의 뜻.
【月池浸色】 달이 못의 물 속으로 빛을 침투시킴.
【物我兩忘】 외물과 나 자신 모두를 잊음.

343(明後-121) 世人爲榮利纏縛
　　　세상 사람들은 영리에 묶이고 속박되어

세상 사람들은 영리에 묶이고 속박되어,
움직였다 하면 곧 티끌 세상의 고해苦海라 한다.
구름 희고 산 푸른 것과,
물 흐르고 바위 서 있으며,
꽃이 맞이하고 새가 울며,
골짜기가 응답하고 나무꾼이 노래함은 모르도다.
세상은 역시 티끌이 아니며,
바다 또한 고해가 아니건만
저들이 스스로 그 마음을 티끌 세상의 고해로 여길 뿐이로다.[886]

世人爲榮利纏縛, 動曰塵世苦海.

不知雲白山靑, 川行石立,

花迎鳥哭, 谷答樵謳.

世亦不塵, 海亦不苦,

彼自塵苦其心爾.

【纏縛(전박)】묶이고 속박되어 자유롭지 못한 상황이나 모습. 〈續遺〉에는
'糾纏'으로 되어 있음.
【谷答樵謳】〈續遺〉에는 '漁唱樵歌'로 되어 있음.

344(明後-122) 花看半開
꽃은 반쯤 핀 것을 보고

꽃은 반쯤 핀 것을 보고 술은 적게 취하는 것,
이 가운데에 크게 아름다운 일취가 있도다.
만약 난만하게 핀 꽃이나 실컷 취한 술이란
곧 악한 경지를 이루는 것이니
가득 찬 것을 밟는 자는 의당 이를 생각해 볼 것이로다.[887]

花看半開, 酒飮微醉.

此中大有佳趣.

若至爛熳酕醄, 便成惡境矣.

履盈滿者宜思之.

【微醉】 일부 본에는 '微醺'으로 되어 있는 것도 있음.

【爛熳】 흐드러진 모습. 첩운어. 〈續遺〉에는 '爛漫'으로 되어 있음.

【酕醄(모도)】 술에 몹시 취한 상태. 첩운어.

※《增廣賢文》(216)에 「美酒飮當微醉候, 好花看到半開時」라 하였다. 한편 北宋
邵雍의《伊川擊壤集》〈安樂窩中吟〉시에 「飮酒莫敎成酩酊, 看花愼無至離披.
人能得知此般事, 焉有閑愁到兩眉?」라 하였다.

345(明後-123) 山肴
산나물 안주는

산나물 안주는 세간의 뛰어난 관개를 받지 못하고,
들새 고기 맛은 세간의 훌륭한 먹이를 얻어먹지 못하지만,
그 맛이 모두가 향이 짙고 또한 강하도다.
우리들이 능히 세상의 법에 물들지 않게 할 수만 있다면
그 냄새와 맛이 세상과 판연히 구별이 되지 않겠는가?[888]

山肴不受世間灌漑;
野禽不受世間豢養,
其味皆香而且冽.
吾忍能不爲世法所點染,
其臭味不逈然別乎?

【山肴(산효)】 산나물. 거친 음식을 뜻함.
【灌漑】 농작물에 물을 대어 주어 기름. '世間灌漑'는 〈續遺〉에는 '世人灌漑'로
　되어 있음.
【豢養(환양)】 가축이 훌륭한 먹이에 의해 사육됨을 뜻함. '世間豢養'은 〈續遺〉
　에는 '世人豢養'으로 되어 있음.
【逈然(형연)】 판연히 다름을 뜻함.

346(明後-124) 栽花種竹
꽃을 심고 대를 기르며

꽃을 심고 대를 기르며,
학을 즐기고 고기를 구경함에는,
역시 어느 만큼 자득처가 있어야 한다.
만약 한갓 광경에 붙들려
물건의 화려함을 즐기기만 한다면
역시 이는 유학하는 자의 입과 귀로만 하는 것이요
불가의 완고한 공일 뿐이니
무슨 아름다운 일취가 되겠는가?[889]

栽花種竹, 玩鶴觀魚,
　　　　亦要有段自得處.
　若徒留連光景,
　　　玩弄物華, 亦吾儒之口耳,
　釋氏之頑空而已, 有何佳趣?

【留連】 마음을 정하지 못하고 있는 상태. 쌍성어.
【頑空】 완고하여 변통이 없이 空의 사상을 고집함.

347(明後-125) 山林之士
산림의 선비는

산림의 선비는 청고하나 일취가 저절로 풍요롭고,
들에 고생하는 농부는 비략하나 천진함이 혼연히 갖추어져 있다.
만약 한 번 몸을 실수하여 시정 잡배나 저쾌但儈, 馹儈에 빠뜨린다면,
이는 죽어 그 시신이 구학溝壑에 나뒹굴되
신골神骨은 오히려 맑음만 같지 못하니라.[890]

山林之士, 清苦而逸趣自饒;
農野之夫, 鄙畧而天眞渾具.
若一失身市井但儈,
不若轉死溝壑, 神骨猶清.

【但儈(저쾌)】 원래는 '장쾌'(馹儈)가 맞음. 말 장수나 거래에서의 거간꾼. 이익
만을 위하여 뛰는 중개인. 이 구절의 「若一失身市井但儈」는 〈續遺〉에는
「若一失市井, 儕伍屠儈」로 되어 있음.
【轉死溝壑(전사구학)】 죽어 시신을 제대로 수습하지 못하는 불행을 표현
하는 말.

348(明後-126) 非分之福

자신의 분에 맞지 않는 복이나

자신의 분에 맞지 않는 복이나 이유 없는 획득이란,
조물주의 낚싯밥이 아니면 사람이 파놓은 덫이나 함정이다.
이런 일에 당하여 눈을 높이 가지지 않고서
그 술책에 빠지지 않는 자가 적으리라.[891]

非分之福, 無故之獲,

非造物之釣餌, 卽人世之機阱.

此處着眼不高, 鮮不墮彼術中矣.

【釣餌(조이)】 낚시밥, 미끼.
【機阱(기정)】 남을 속이기 위한 기틀이나 함정.

349(明後-127) 人生原是一傀儡
사람의 삶이란 원래 하나의 꼭두각시니

사람의 삶이란 원래 하나의 꼭두각시니
오직 그 뿌리와 꼭지를 내 손에 쥐고 있어야 한다.
하나의 실 줄도 얽히지 않으면
말고 푸는 것이 자유롭고 행하고 그침이 나에게 있게 된다.
하나의 작은 부림도 받지 않으면 남이 이를 들고 부려도
곧 그 장중場中에서 초출超出할 수 있으리라.[743]

人生原是一傀儡,
　　只要根蒂在手.
一線不亂, 卷舒自由,
　　行止在我.
一毫不受, 他人提掇,
　　便超出此場中矣.

馬鳴尊者

〈마명존자〉

【傀儡】 꼭두각시. 자신의 의지로 움직이지 못하고 남의 조종에 의하여 행동하
　는 자를 뜻함. 첩운어.
【根蒂(근체)】 뿌리와 꼭지. 〈寶下〉에는 '把柄'(손잡이와 자루)으로 되어 있음.
【卷舒】 말았다 폈다 함. '卷'은 '捲'과 같음.
【提掇(제철)】 이리저리 끌려다님. 혹 꼭두각시 인형극에서 줄로 이를 조종
　하는 것. 〈寶下〉에는 '捉掇'로 되어 있어 物名의 쌍성어가 아닌가 함.

350(明後-128) 一事起則
하나의 일이 발생하면

하나의 일이 발생하면 하나의 해가 생겨난다.
그러므로 천하는 항상 일 없음을 복으로 여겨라.
옛사람의 시를 읽어보니,
"권하노니 그대는 봉후의 일을 거론하지 말라.
장수 하나 성공에 만 사람의 해골이 마른다"
라 하였고 또,
"천하를 언제나 만사가 평안토록 한다면
나(칼)는 칼집에서 천년을 죽은 채 있어도 아깝다 여기지 않으리"
라 하였다.
비록 영웅의 마음과 용맹의 기운이라도 이러한 시를 보면
깨닫지도 못하는 사이에 얼음 싸락눈의 정서를 느끼리라.[892]

一事起則一害生,
　故天下常以無事爲福.
讀前人詩云:
　　「勸君莫話封侯事,
　　　一將功成萬骨枯.」
　又云:
　　「天下常令萬事平,
　　　匣中不惜千年死.」

龍樹尊者

〈용수존자〉

雖有雄心猛氣,

不覺化爲氷霰矣.

【氷霰(빙산)】 얼음이나 싸락눈에서 감회를 얻듯이 됨을 말한 것.

351(明後-129) 淫奔之婦
음란에 분주하던 여자가

음란에 분주하던 여자가 변하여 비구니가 되고,
속이 뜨거운 사람은 격하여 도에 들어간다.
청정한 문은 항상 음사의 연수淵藪가 됨이 이와 같도다.[893]

淫奔之婦, 矯而爲尼;

熱中之人, 激而入道.

淸淨之門, 常爲淫邪淵藪也如此.

【尼(니)】 비구니. 여승. 尼자와 같음. 〈續遺〉에는 '尼'로 되어 있음.
【淵藪(연수)】 물고기나 짐승이 모여들어 깃드는 곳. 환경을 마련해 주는 것.
※〈續遺〉에는 이 구절 끝에 「吁, 可嘆已」 네 글자가 더 있음.

352(明後-130) 波浪兼天
파도와 풍랑이 하늘과 뒤섞임에도

파도와 풍랑이 하늘과 뒤섞임에도
배 안의 사람은 두려움을 모르는데
배 밖의 사람만 마음을 졸인다.
마구 날뛰며 앉은 사람을 꾸짖음에도
자리에 앉은 사람은 경계할 줄 모르는데
자리 밖에 있는 사람은 혀를 차고 있다.
그러므로 군자는 몸이 비록 그 일에 있어도
마음은 그 일 밖을 초월해 있어야 한다.[894]

波浪兼天,
舟中不知懼,
而舟外者寒心;
猖狂罵座,
席上不知警,
而席外者咋舌.
故君子身雖在事中,
心要超事外也.

〈가야사다존자〉

【寒心】 매우 낙담하는 마음.
【咋舌(색설)】 혀를 차며 안타까워하는 모습.

353(明後-131) 人生減省一分
사람이 살면서 한 푼만 감하고 덜면

사람이 살면서 한 푼만 감하고 덜면 곧 그 한 푼만큼 초탈하게 된다.
만약 교유를 감하면 곧 분요紛擾를 면할 수 있고,
언어를 줄이면 허물과 탓을 줄일 수 있으며,
사려를 감하면 정신이 소모되지 않을 것이요,
총명을 감하면 혼돈을 완전한 것으로 할 수 있다.
저는 날로 감하기를 구하지 아니하고
도리어 날로 보태기를 구하는 자이니,
진실로 이 생을 질곡 속에 살아가는 것이로다![895]

人生減省一分, 便超脫一分.
　　如交遊減, 便免紛擾;
　　　言語減, 便寡愆尤.
　　思慮減, 則精神不耗;
　　聰明減, 則混沌可完.
彼不求日減, 而求日增者,
　　　　眞桎梏此生哉!

【紛擾】일이 얽혀 어지럽고 혼란스러움.

354(明後-132) 天運之寒暑易避
하늘 운행의
추위와 더위는 피하기 쉬우나

하늘 운행의 추위와 더위는 피하기 쉬우나
인간 세상의 염량은 없애기 어렵도다.
인간 세상의 염량은 없애기 쉬우나
내 마음의 빙탄은 제거하기 어렵도다.
이 마음 속의 빙탄을 없앨 수 있다면
내 속 모두가 화기로 가득 차서
저절로 가는 땅마다 봄바람이 불련마는.[896]

天運之寒暑易避, 人世之炎凉難除;

人世之炎凉易除, 吾心之氷炭難去.

去得此中之氷炭, 則滿腔皆和氣,

自隨地有春風矣.

【炎凉】 세상 사람들의 인정이 조석으로 변함을 뜻함.
【氷炭】 차가운 얼음과 뜨거운 숯불. 서로 함께 할 수 없는 이율배반적인 상태.
'氷炭不相容'을 뜻함.
【滿腔】 창자 가득, 마음과 몸에 가득한 상태.

355(明後-133) 茶不求精
차를 좋은 정품만 구하겠다고
하지 않는다면

차를 좋은 정품만 구하겠다고 하지 않는다면
주전자도 역시 마를 날 없이 늘 마실 수 있으리라.
술도 좋은 술만 구하겠다고 하지 않는다면
술동이도 역시 비는 날이 없으리라.
평소 가지고 있는 거문고도 현이 없어도 항상 곡조를 탈 수 있고,
짧은 피리도 빈 속이 아니어도 자적할 수 있으니
비록 희황을 초월하기는 어렵다 해도
혜강稀康이나 완적阮籍은 짝할 수 있으리라.[897]

茶不求精而壺亦不燥,
酒不求洌而罇亦不空.
素琴無絃而常調,
短笛無腔而自適,
縱難超越羲皇,
亦可匹儔稀阮.

〈승가난제존자〉

【罇(준)】 술동이. 〈續遺〉에는 '樽'으로 되어 있음.
【素琴無絃】 〈續遺〉에는 '素琴無弦'으로 되어 있음.
【羲皇】 고대 伏羲氏와 같은 태평성대. 이 구절의 '縱難超越羲皇'은 〈續遺〉에는
'縱難希遇羲皇之世'로 되어 있음.

【匹儔(필주)】 짝을 이룸. 함께 함.

【嵇阮(혜완)】 嵇康과 阮籍. 혜강(223~262)은 자가 叔夜이며, 老莊에 밝고 詩文에 능하였다. 阮籍, 山濤, 向秀, 阮咸, 王戎, 劉伶 등과 竹林七賢의 하나임. 〈養生論〉, 〈琴賦〉, 〈聲無哀樂論〉, 〈與山巨源絶交書〉 등이 유명하며 《晉書》(49)에 傳이 실려 있음. 완적(210~263)은 자가 嗣宗이며 步兵校尉를 역임하여 흔히 阮步兵으로 불림. 〈豪傑詩〉, 〈詠懷詩〉, 〈達莊論〉, 〈大人先生傳〉 등이 유명하며 《三國志》(권21)와 《晉書》(권49)에 傳이 실려 있음. 두 사람은 모두 魏晉 시대 玄學의 大家들이며 禮俗을 벗어나 淸談과 放誕으로 도인과 같은 의취를 가지고 살았던 사람들. 《世說新語》 任誕篇 등에 그들의 일화가 널리 실려 있음. 이 구절의 「亦可匹儔嵇阮」은 〈續遺〉에는 「亦可匹儔嵇阮之倫」으로 되어 있음.

356(明後-134) 釋氏隨緣
불가에서는 인연을 따르라 하고

불가에서는 인연을 따르라 하고,
우리 유가에서는 소위素位를 내세우니,
이 수연소위隨緣素位 넉 자는 바다를 건너는 부낭浮囊이로다.
대체로 세상 길은 망망하니
일념으로만 안전하기를 구했다가는
만 가지 얽힌 실마리가 되얽혀 일어난다.
사는 그대로에서 평안하기를 따르면 들어가 얻지 못함이 없으리라.[898]

釋氏隨緣, 吾儒素位.
　　　四字是渡海的浮囊.
蓋世路茫茫:
　一念求全, 則萬緒紛起;
　隨寓而安, 則無入不得矣.

【隨緣】佛家의 因緣法. 세상 모든 것은 인연법에 의하여 이루어졌음을 강조한 것임. 이 구절의 '釋氏隨緣'은 〈續遺〉에는 '釋氏之隨緣'으로 되어 있으며, 아래의 '吾儒素位'도 '吾儒之素位'로 '之'자가 더 들어 있다.
【素位】벼슬을 가지지 아니한 채로 세상을 바르게 살아가는 것.
【浮囊】救命袋 물 위에 떠서 사람이 잡고 험한 물을 건널 수 있도록 하는 浮物.
【隨寓而安, 則無入不得矣】〈續遺〉에는 「惟隨遇而安, 斯無入而不自得矣」로 되어 있음. '오직 경우에 따라 편안히 여기면 이것이 들어가되 스스로 터득하지 못하는 경우가 없다'라는 뜻이 된다.

357(明後-135) 童子心虛而雉馴
어린 아이는 마음을 비워두기 때문에

어린 아이는 마음을 비워두기 때문에 꿩을 기를 수 있다.
바닷가 늙은이는 기지를 쉬기 때문에 갈매기가 내려와 앉는다.
오직 기지를 숨기고 속임수를 끼고 있는 사람만이
정신과 육체가 서로 의심을 하고,
간담이 저절로 호월胡越처럼 먼 거리가 된다.

그러니 어찌 외물이 능히 움직이고 억누를 수 있겠으며,
또한 그 몸이 스스로 원수가 되지 않을 수 있겠는가?[중복 없음]

童子心虛而雉馴,
海翁機息而鷗下.
唯藏機挾詐之人,
　神形兩相猜疑,
　肝胆自爲胡越,
　豈惟物不能動抑,
　　且身自爲仇?

【雉馴】 어린 아이는 마음을 비워두기 때문에 길들일 수 없는 꿩조차도 그에게
　馴致될 수 있음.
【海翁】 《列子》黃帝篇에 어떤 이가 바닷가에 나서면 갈매기들이 그에게 내려와
　모여들었으나 그의 아버지가 이를 잡아오도록 부탁하여 이튿날 잡을 마음으로
　해변에 나서자 갈매기가 맴돌기만 할 뿐 내려오지 않았다는 고사가 있음.
【藏機挾詐】 機(속이려는 기구. 남을 잡으려는 편리한 도구)를 감추고 속일 마음을
　지니고 있음.
【胡越】 아주 거리가 먼 관계를 뜻함. 호는 북쪽의 이민족, 월은 남쪽을 지칭
　하는 말로 본문에서 간담이 서로 가까이 있어 사람의 감정을 조화시켜야
　하나 그렇지 못함을 비유함.
【動抑】 사물이 자신의 뜻대로 움직이고 멈추고 함. 마음이 곧지 못한 자에게는
　사물이 그 뜻대로 따라주지 않음을 비유함.

※ 국내 번역본은 모두 135장부터 140장까지 6장 전체를 누락시키고 있으나
　〈明刻本〉에 의하여 보충하여 실었다.

358(明後-136) 草木之芳菲
풀과 나무의 꽃다움과

풀과 나무의 꽃다움과
물고기 새들의 날고 뛰는 모습,
그리고 안개구름 속에 바람과 달의 일탕逸宕하고 광제光霽한 모습은
모두가 내 성명性命의 생기生機로다.
만약 티끌 세상의 노역과 묶이고 갇히거나
물욕이 그림자를 드리우고 장벽을 쌓으며
눈에 보이는 것에 그 어떤 취미도 발견하지 못한다면
이는 내 성명 역시 삭막하여 메마른 것이로다.[중복 없음]

草木之芳菲,
魚鳥之飛躍.
烟雲風月之逸宕而光霽,
皆吾性的生機.
若被塵勞羈鎖,
物欲翳障,
觸目不見一點趣味,
吾性亦索然稿矣.

〈나후라다존자〉

【芳菲】풀과 나무가 아주 아름다움을 뜻함. 쌍성어.
【烟雲風月】아름답게 펼쳐진 자연의 모습을 뜻함.

【逸宕(일탕)】逸蕩과 같음. 아주 편안하고 거리낌이 없는 모습.

【光霽】밝고 비가 개고 나서의 구름 없이 맑은 모습.

【塵勞覊鎖】티끌 세상에 노역을 당하고 묶이고 봉쇄된 상태를 뜻함.

【翳障(예장)】그림자가 드리워 본 모습을 볼 수 없음과 장애물로 막힘.

【稿】'枯'와 같음. 메마른 나무와 같다는 뜻.

359(明後-137) 世態有炎涼
세태에 염량이 있어도

세태에 염량이 있어도 나는 이에 진노하거나 기뻐하지도 아니하며,
세상 맛에 짙고 옅음이 있어도 나는 이에 즐거워하거나 싫어하지 아니하네.
털끝만큼도 세상 물정에 즐거움을 두지 아니하니,
새둥지 같은 오두막이 곧 한 세상 여기에 살면서
세상을 벗어나는 법일세.[중복 없음]

世態有炎涼而我無嗔喜,
世味有濃淡而我無欣厭.
一毫不樂世情,
巢臼便是一在世出世法也.

【炎涼】세상의 메마르고 변화무쌍한 인정.

【嗔喜】성을 내는 것과 기뻐하는 것. 희비의 감정을 말함. 그 아래의 '欣厭'도 같은 뜻임.

【巢臼】소는 새의 둥지, 구는 원래 절구의 확, 그러나 여기서는 가난하고 보잘 것 없는 집을 뜻함. 〈寶下〉에는 '窠臼'로 되어 있음.

360(明後-138) 寧爲璞玉
차라리 다듬지 않은
옥이 될지언정

차라리 다듬지 않은 옥이 될지언정 규장圭璋은 되지 말라.
차라리 본디 실처럼 그대로 있을지언정 황상黃裳은 되지 말라.
범사에 남의 이익을 받지 아니하는 것,
이러한 마음이면 곧 하늘과 더불어 유유자적할 수 있느니라.[중복 없음]

寧爲璞玉, 毋爲圭璋.
寧爲素絲, 毋爲黃裳.
凡事不受人益,
此心便與天遊.

【璞玉】아직 加工하지 아니한 옥돌. 아래의 '素絲'도 역시 아직 옷감을 짜지 않은 原絲를 뜻함.
【圭璋】옥을 다듬어 만든 훌륭한 圭笏이나 구슬.
【黃裳】노란 빛깔의 치마. 여기서는 좋은 의복을 뜻함.
【天遊】천연 그대로의 逍遙遊를 뜻함.

361(明後-139) 人心一有粘帶
　　사람의 마음에
　　하나의 뗄 수 없는 띠가 있으니

사람의 마음에 하나의 뗄 수 없는 띠가 있으니
곧 홍모鴻毛가 태산泰山만큼이나 무겁다.
오직 외물로 인하여 그러한 것임을 쇄연洒然히 터득한다면,
요순堯舜의 손양遜讓도 석 잔 술에 불과한 듯이 여길 수 있고,
탕무湯武의 정주征誅도 진실로
하나의 바둑판일 뿐이라 여길 수 있다.[중복 없음]

人心一有粘帶,
　便鴻毛重若泰山.
　唯因物付物洒然自得,
　則堯舜遜讓不過三杯酒,
　湯武征誅眞是一局棋矣.

〈구마라다존자〉

【粘帶】 풀어놓거나 떼어 낼 수 없는 허리 띠. 고통의 집요한 욕망을 뜻함.
【鴻毛】 아주 가벼움을 비유함.
【因物付物】 물건 때문이며 물건에 부착되어 있는 욕망이나 집착이라는 뜻.
【堯舜】 고대 聖王으로 천하를 公으로 여겨 어진 이에게 禪讓하였음.
【三杯酒】 堯임금이 舜에게 천하를 선양하면서도 그저 술 석 잔 주는 정도로
　가볍게 여김.
【湯武】 商(殷)나라 개국 군주 湯과 周나라를 세운 武王. 그들은 악한 임금
　傑과 紂를 정벌하고 나라를 세워 儒家의 성인으로 추대됨.

362(明後-140) 奔走風塵者
풍진風塵 세상에 분주한 자는

풍진風塵 세상에 분주한 자는
마음을 쓸데없는 데에 써서
백년을 급히 굴지만 금방 지나가기를 마치 한 순간처럼 여긴다.
천석泉石의 자연에 느리게 사는 자는
생각을 기機를 쉬는 데에 두어
하루를 한가히 살기를 마치 소년처럼 여긴다.[중복 없음]

奔走風塵者,
心冗意,
迫百年恍若一瞬.
棲遲泉石者,
念息機,
閑一日眞如少年.

〈도야다존자〉

【心冗意(심용의)】 마음을 하찮은 뜻에 둠. 그 때문에 한 평생을 촉박하게 살아도 훌쩍 흐르기가 일순간 같다고 여김.

【棲遲(서지)】 자연에 묻혀 한가하게 사는 상태를 뜻함.

【泉石】 자연의 다른 표현.

【念息機】 생각을 機(자연에 배치되는 인간의 機智)를 없애기에 뜻을 둠. 그 때문에 세월이 많이 남은 소년처럼 여겨 하루하루 한가함을 누림.

임동석(茁浦 林東錫)

慶北 榮州 上茁에서 출생. 忠北 丹陽 德尙골에서 성장. 丹陽初中 졸업. 京東高 서울
敎大 國際大 建國大 대학원 졸업. 雨田 辛鎬烈 선생에게 漢學 배움. 臺灣 國立臺灣師範
大學 國文硏究所(大學院) 博士班 졸업. 中華民國 國家文學博士(1983). 建國大學校
敎授. 文科大學長 역임. 成均館大 延世大 高麗大 外國語大 서울대 등 大學院 강의.
韓國中國言語學會 中國語文學硏究會 韓國中語中文學會 會長 역임. 저서에《朝鮮
譯學考》(中文)《中國學術槪論》《中韓對比語文論》. 편역서에《수레를 밀기 위해 내린
사람들》《栗谷先生詩文選》. 역서에《漢語音韻學講義》《廣開土王碑硏究》《東北
民族源流》《龍鳳文化源流》《論語心得》〈漢語雙聲疊韻硏究〉 등 학술 논문 50여 편.

임동석중국사상100

채근담 菜根譚

洪自誠 撰 / 林東錫 譯註
1판 1쇄 발행/2010년 11월 11일
2쇄 발행/2013년 11월 11일
발행인 고정일
발행처 동서문화사
창업 1956. 12. 12. 등록 16-3799
서울강남구신사동563-10 ☎546-0331~6 (FAX)545-0331
www.dongsuhbook.com
잘못 만들어진 책은 바꾸어 드립니다.

＊

＊
사업자등록번호 211-87-75330
ISBN 978-89-497-0633-7 04080
ISBN 978-89-497-0542-2 (세트)